에코안다리아로 뜬 가방과 모자 24

 코바늘 손뜨개
인기 있는 가방 + 모자

ECO ANDARIYA NO KAGO BAG + BOSHI

Copyright © 2020 Mayuko HASHIMOTO, All rights reserved.

Original Japanese edition published in Japan by Asahi Shimbun Publications Inc., Japan.

Korean translation rights arranged with Asahi Shimbun Publications Inc., Japan

through Imprima Korea Agency.

이 책의 한국어판 저작권은 Imprima Korea Agency를 통해

Asahi Shimbun Publication Inc.과의 독점계약으로 ㈜북핀에 있습니다.

저작권법에 의해 한국 내에서 보호를 받는 저작물이므로 무단전재와 무단복제를 금합니다.

에코안다리아로 뜬 가방과 모자 24

코바늘 손뜨개
인기 있는 가방 + 모자

하시모토 마유코 지음

CONTENTS

01 **라탄 스타일 가방** … 6/70

02 **큰 꽃잎 모양 가방** … 8/72

03 **햇볕으로부터 지켜주는 여름 모자** … 10/74

04 **나뭇잎 무늬 가방** … 12/76

05 **교차뜨기의 숄더백** … 14/78

06 **반달 가방** … 18/81

07 **데코 링 캉캉 모자** … 20/84

08 **리본 가방** … 22/86

09 **원형 포셰트** … 24/88

10 **우드 핸들 스퀘어백** … 26/90

11 **파인애플 무늬 가방** … 28/92

12 **장미 숄더백** … 30/94

13 **드로스트링 백과 프릴 토트백** … 32/97

14 **연속무늬 가방** … 36/100

15 **러플 백** … 38/102

16 **구멍 송송 빅 토트백** … 42/104

17 **리본 달린 클로슈** … 44/106

18 **꽃무늬 패턴 네트백** … 46/108

19 **원 핸들 백** … 48/110

20 **백 리본 햇** … 50/112

21 **마르쉐 백** … 52/114

22 **보자기 가방** … 56/116

23 **물림쇠가 달린 작은 파우치** … 60/118

24 **플랩 숄더백** … 62/120

뜨개질을 시작하기 전에 … 65
작품별 도안과 뜨개법 … 70
코바늘뜨기의 기초 … 122

01. 라탄 스타일 가방

딱딱한 라탄 바구니와 같은 느낌을 주는 사각 가방입니다.
전전단의 코를 주워 떠서
뜨개 모양이 두툼하여 볼륨감이 느껴집니다.

How to make_P.70

02. 큰 꽃잎 모양 가방

바닥에서 입구 쪽으로 큰 꽃잎을 뜬 마르쉐 가방입니다.
올록볼록 올라오는 팝콘 뜨기 모양이 인상적이네요.

How to make_P.72

03. 햇볕으로부터 지켜주는 여름 모자

브림(챙)과 사이드 크라운에 떠 넣은,
자연스럽게 구멍이 생기는 성긴 무늬가 포인트.
넓은 브림이 여름 햇볕으로부터 확실하게 지켜줍니다.

How to make_P.74

04. 나뭇잎 무늬 가방

입체적인 나뭇잎 모양은 구슬뜨기로 만들었습니다.
요즘 인기 있는 버킷백 스타일이라 외출용으로 좋고,
집에서 바구니 용도로 사용해도 멋집니다.

How to make_P.76

A

05. 교차뜨기의 숄더백

짧은뜨기 교차뜨기로 매력적인 질감이 연출되었습니다.

How to make_P.78

5-A. 크로스로 메는 가방

5-B. 어깨에 메는 가방

06. 반달 가방

요즘 인기가 좋은 반달 가방입니다.
보기엔 어려워 보이지만 막상 뜨는 법은 쉽습니다.
대나무 핸들을 달아
형태를 자연스럽게 정리했습니다.

How to make_P.81

07. 데코 링 캉캉 모자

링 모티브로 장식된 캉캉 모자입니다.
잠깐 외출할 때 쓰면
멋스러운 포인트가 됩니다.

How to make_P.84

08. 리본 가방

가방 입구를 리본 모양으로 만들어 귀여운 디자인.
검정색 실을 선택한다면 유치하지 않고 어른스러운 분위기를 낼 수 있으며,
평상시에도 무난하게 쓸 수 있습니다.

How to make_P.86

09. 원형 포셰트

요즘 인기 있는 원형 가방을 작은 크기의
포셰트로 만들었습니다. 중앙에서 방사형으로
퍼져나가는 뜨개 패턴 라인이 인상적입니다.

How to make_P.88

10. 우드 핸들 스퀘어백

입구의 양 옆에 자석 단추를 달아
단추를 잠그고, 혹은 잠그지 않고 펼친 채로도 쓸 수 있는
2way 타입입니다.
합사하여 뜬 실의 모습이 매력적이네요.

How to make_P.90

11. 파인애플 무늬 가방

선명한 파인애플 무늬가 인상적인 가방. 섬세한 코바늘뜨기의
즐거움을 마음껏 느낄 수 있는 디자인입니다.

How to make_P.92

12. 장미 숄더백

원형의 편물에 입체적인 꽃잎을 떠 붙여서 장미를 만드는
뜨개질 자체가 재미있는 디자인.
깊이를 넉넉하게 주고, 입구에 지퍼를 달아서
편리하게 사용할 수 있도록 했습니다.

How to make_P.94

A

13. 드로스트링 백과 프릴 토트백

비교적 단조로운 뜨개법으로 뜬 토트백을
입구에 조임 끈을 끼워넣은 드로스트링 형태와
몸체에 프릴이 있는 형태로
만들어 보았습니다.

How to make_P.97

13-A. 드로스트링 백

13-B. 프릴이 달린 토트백

B

14. 연속무늬 가방

여름 옷차림에 어울리는 선명한 녹색의 가방입니다.
입구에 턱 주름을 넣고 둥글게 형태를 잡았습니다.

How to make_P.100

A

15. 러플 백

입구에 프릴을 뜬 마르쉐 가방입니다.
프릴 부분에 테크노로트를 넣어 뜨기 때문에 입구 모양을
원하는 형태로 잡아줄 수 있습니다.

How to make_P.102

15-A. 라이트 브라운 컬러

15-B. 베이지 컬러

B

16. 구멍 송송 빅 토트백

가죽 바닥을 달아서 수납력이 좋은 토트백입니다.
투시감이 있는 무늬와 밝은 컬러로
시원하고 경쾌한 분위기를 냅니다.

How to make_P.104

17. 리본 달린 클로슈

브림(챙)의 앞쪽과 뒤쪽의 너비를 달리한,
실루엣이 세련된 모자입니다.
브림을 살짝 위로 접어 써도 멋집니다.

How to make_P.106

18. 꽃무늬 패턴 네트백

연속으로 꽃무늬를 뜬 납작한 가방.
사슬뜨기로 뜬 손잡이도 귀여운 포인트입니다.
잠깐 외출하기에 좋은 가방이에요.

How to make_P.108

19. 원 핸들 백

구멍이 시원하게 뚫려 여름 느낌을 주는
교차뜨기 패턴의 작은 가방입니다. 비비드한 컬러를
선택하여 악센트 있는 코디가 되었습니다.

How to make_P.110

19-A. 머스타드 컬러

19-B. 레트로 블루 컬러

20. 백 리본 햇

뒤쪽에 귀여운 리본이 달린 모자입니다.
브림의 뒤쪽이 갈라져 있어서,
땋거나 묶어서 불룩하게 올라온 헤어스타일에
딱 좋은 디자인입니다.

How to make_P.112

21. 마르쉐 백

실루엣이 귀여운 마르쉐 백입니다. 편물이 단단해서
짐을 많이 넣어도 안심입니다.
가방 B는 펄 실을 합사하여 떠서 더욱 고급스럽습니다.

How to make_P.114

21-A. 골드 컬러

21-B. 오프화이트 컬러

B

22. 보자기 가방

보자기를 접어 가방을 만들 듯이
직사각형의 편물을 뜬 다음 편물을 접어
가방 형태를 만들었습니다.
사선의 줄무늬가 생기는 독특한 디자인입니다.

How to make_P.116

22-A. 옐로와 화이트 스트라이프

22-B. 레트로 그린과 화이트 스트라이프

22-C. 그레이와 화이트 스트라이프

c

23. 물림쇠가 달린 작은 파우치
(가마구치백)

입구에 물림쇠가 있는 프레임을 감아 떠서
잠금장치가 있는 작은 파우치를 만들었습니다.
중앙의 은근한 무늬와 진한 회색의 실로 세련된 느낌을 더했습니다.
손잡이는 분리할 수 있으므로 클러치로도 쓸 수 있습니다.

How to make_P.118

24. 플랩 숄더백

가방의 덮개 역할을 하는 플랩 모양이 포인트.
라인이 반듯하고 깔끔한 디자인이기 때문에
오피스용으로도 좋습니다.

How to make_P.120

HOW TO MAKE

에코안다리아의 취급법과 기본 테크닉을 소개합니다.
에코안다리아는 실의 특성상 약간의 당김이 느껴질 수 있지만,
대신 확실히 힘 있고 깔끔하게 완성되므로, 팔과 손목에 필요 이상의 힘을
주지 말고 편안하게 떠주세요.
실을 너무 당기지 말고 느슨해지지 않는 정도의 힘을 주어 일정한 템포로 뜨면
안정적인 편물을 뜰 수 있습니다.
마무리할 때 스팀다리미를 이용하면 깔끔하게 완성됩니다.

✘ 뜨개질을 시작하기 전에 ✘

준비물

• 실

*실 견본은 실사이즈입니다.

에코안다리아
목재 펄프를 원료로 한 레이온 100%의 천연 소재 실입니다. 보송보송한 촉감이며 색상도 다양합니다.

에코안다리아 크로셰
에코안다리아의 절반 두께의 실로, 적당한 탄력과 장력이 있어서 섬세한 뜨개질을 할 수 있습니다.

• 그 밖의 도구

코바늘
굵기에 따라 2/0~10/0호가 있으며 숫자가 커질수록 바늘이 굵어집니다. '하마나카 아미아미 양쪽 코바늘 라쿠라쿠'는 바늘 하나로 두 가지 호수를 사용할 수 있어 편리합니다.

돗바늘
재봉용 바늘보다 굵고 끝이 둥근 바늘. 실 끝을 처리하거나 손잡이를 달 때 사용합니다.

단수 표시 링
콧수, 단수를 셀 때 있으면 편리합니다.

크래프트 가위
끝이 가늘고 잘 잘리는 수예용 가위를 추천합니다.

테크노로트(H204-593)
형태를 유지하는 데 사용하는 부자재로, 모자의 브림(챙)에 심으로 넣어 뜹니다. (테크노로트를 넣어 뜨는 방법은 P.68 참조)

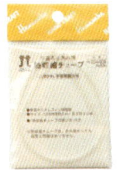
열수축 튜브(H204-605)
테크노로트의 끝부분을 처리할 때 사용합니다. (사용법은 P.68 참조)

스프레이 풀(H204-614)
스팀다리미로 모양을 잡은 후 스프레이 풀을 뿌리면 형태가 오래 유지됩니다.

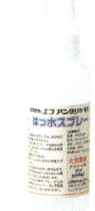
발수 스프레이(H204-634)
에코안다리아는 흡수성이 좋은 소재이므로, 방수와 방염 효과를 위해 발수 스프레이를 뿌려줄 것을 권합니다.

게이지에 대해

게이지는 일정한 크기(사진은 가로, 세로 10cm) 안에 몇 코, 몇 단이 들어가는지를 나타냅니다. 같은 실, 같은 바늘을 써도 뜨는 사람에 따라 게이지가 달라질 수 있습니다. 게이지가 다르면 도안대로 떴을 때 모자 같은 경우 사이즈가 맞지 않아 쓰지 못하게 될 수도 있으므로, 15cm 정도의 편물을 시험 삼아 떠서 게이지를 측정하도록 합니다. 게이지와 다르게 떠질 경우에는 다음과 같이 조정하세요.

10㎝ = 15코
10㎝ = 17단

게이지보다 더 많은 수의 콧수, 단수가 들어갈 경우
손땀이 작아서(실을 당겨서 뜨는 경우) 편물이 작게 떠지는 경우입니다. 책에서보다 1~2호 굵은 바늘로 뜹시다.

게이지보다 더 적은 수의 콧수, 단수가 들어갈 경우
손땀이 커서(실을 느슨하게 해서 뜨는 경우) 편물이 크게 떠지는 경우이므로 책에서보다 1~2호 가는 바늘로 뜹시다.

에코안다리아 취급법

• 실 꺼내기

에코안다리아 실은 포장 비닐에 담긴 채로 실타래 안쪽에서 실 끝을 꺼내 사용합니다. 라벨을 벗기면 실이 풀려버려 뜨기 어려워지므로 라벨을 벗겨내지 않도록 주의합니다.

• 뜨개질하기

뜨개질을 하다 보면 편물이 말리는데, 신경쓰지 않고 그대로 떠가면 됩니다. 편물에서 약간 떨어진 위치에서 스팀다리미를 대면 편물이 깔끔하게 정리됩니다. 어느 정도 뜨개질이 진행되었을 때 스팀다리미를 대어 편물을 정리하면 기분 좋게 계속 뜰 수 있습니다.

• 풀어놓은 실 처리법

잘못 떠서 푼 에코안다리아 실은 눌리거나 자국이 남아 있어 그대로 사용하기 어렵습니다. 풀어놓은 실에 약간 거리를 두고 스팀다리미를 대면 실이 다시 원래의 상태로 돌아갑니다. 몇 코 정도만 풀었을 때는 손으로 훑어서 실을 편 다음 다시 뜹니다.

• 합사해서 뜨기

여러 가닥의 실을 합해서 뜨는 것을 말하며, 같은 소재의 다른 색상의 실을 합해서 뜨기도 하고, 소재가 다른 실을 합해서 뜨기도 합니다.

● **작품 마무리하기**

모자나 가방 안에 신문지나 수건 등을 채워 형태를 잡아줍니다(a). 편물에서 약간 띄우고 스팀다리미를 대어 형태를 잡고, 마를 때까지 그대로 둡니다(b). P.65에서 소개하고 있는 스프레이 풀을 뿌려주면 모양이 잘 유지됩니다. 드라이클리닝을 할 수도 있습니다. 모자의 경우 톱 크라운이나 사이드 크라운을 뜬 상태에서 스팀다리미를 대주면 모양이 잘 정돈되므로 이 방법을 추천합니다(c).

● **뜨개질 코가 기울어질 때**

원형뜨기를 하다 보면 뜨개질 코가 조금씩 기울어지는 현상이 생깁니다(a). 이런 현상은 뜨개질하는 사람의 손땀에 따라 다르게 나타나며 뜨개질에 익숙한 사람에게도 생길 수 있는 현상이므로 걱정하지 않아도 됩니다. 가방 몸체의 코들이 비스듬하게 뒤틀렸을 때 손잡이를 붙이려면 주어진 콧수에 구애받지 말고 몸체의 중심을 정한 뒤 손잡이의 위치를 잡아 달아줍니다(b).

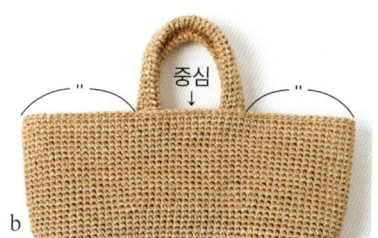

기본 테크닉

● 테크노로트를 넣어 모자의 형태 잡기

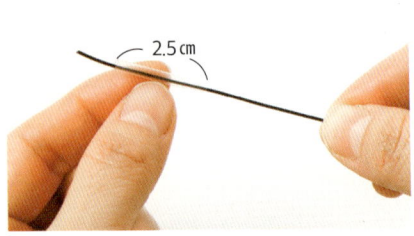

1 열수축 튜브를 2.5cm 길이로 자른 다음, 테크노로트를 끼운다.

2 테크노로트 끝을 접어 꼬되, 끝부분에 바늘이 들어갈 정도의 크기로 고리를 만들고, 끈 부분을 열수축 튜브에 다시 집어넣은 다음 드라이어로 가열해 튜브를 수축시킨다.

3 사슬뜨기로 기둥코를 만든 다음, 시작 부분의 코와 꼬아 만든 테크노로트 끝의 고리에 바늘을 넣어 짧은뜨기를 한다.

4 테크노로트를 감싸며 짧은뜨기 한다.

5 마지막 코에서 5코 전까지 뜬 다음 형태를 정돈한다.

6 남은 5코의 두 배 정도의 길이를 남겨두고 테크노로트를 자른다.

7 1, 2의 방법으로 열수축 튜브를 이용해 테크노로트 끝 부분에 고리를 만든다.

8 마지막 코 전까지 뜬 다음 3과 같은 방법으로 마지막 코와 테크노로트를 꼬아서 만든 고리에 바늘을 넣어 짧은뜨기 한다.

• **코 마무리하기** ※이해를 돕기 위해 2~4는 다른 색 실을 사용하여 떴습니다.

1 뜨개질이 끝나면 실을 15cm 정도 남기고 자른 다음, 바늘을 빼고 실 끝을 당겨 뺀다.

2 실 끝을 돗바늘에 끼운 다음, 돗바늘로 첫 코의 머리 사슬(2가닥)을 줍는다.

3 마지막 코의 머리 사슬 사이로 바늘을 넣는다.

4 바늘을 당겨 빼면 머리 사슬이 만들어진다. 첫 코와 마지막 코가 연결되어 깔끔하게 마무리된다.

• **가죽 바닥을 연결해 뜨개질 시작하기**

1 실 끝을 10cm 남기고 가죽 바닥의 구멍에 바늘을 넣은 다음 실을 감아 뺀다.

2 사슬뜨기를 1번 한다.

3 짧은뜨기를 한다. 위치나 작품에 따라서 한 구멍에 짧은뜨기를 2번 혹은 3번 하기도 한다.

01. 라탄 스타일 가방 photo_P.7

【준비물】
실　하마나카 에코안다리아(1볼은 40g)
　　베이지(23) 200g
바늘　하마나카 아미아미 양쪽 코바늘 라쿠라쿠 7/0호

【게이지】
무늬뜨기 19코 23단=10×10cm

【완성 치수】
그림 참조

【뜨는 방법】 실 한 가닥으로 뜹니다.
바닥은 기초코 25코로 시작해 무늬뜨기를 하고, 이어서 콧수의 증감 없이 몸체를 무늬뜨기로 뜨다가 마지막 단은 되돌아 짧은뜨기를 합니다.
형태가 망가지지 않도록 다리미로 편물을 정돈합니다.
손잡이는 기초코 60코로 시작하여 짧은뜨기를 4단 뜬 다음, 그림과 같이 양쪽으로 긴뜨기 무늬뜨기를 하고, 기초코와 4단을 돗바늘로 감싸서 원통형으로 만들어 줍니다. 같은 방법으로 손잡이를 하나 더 만듭니다.
단추와 단추 잠금 끈을 도안과 같이 2개씩 뜬 다음, 가방에 손잡이를 달고 단추와 단추 잠금 끈을 붙입니다.

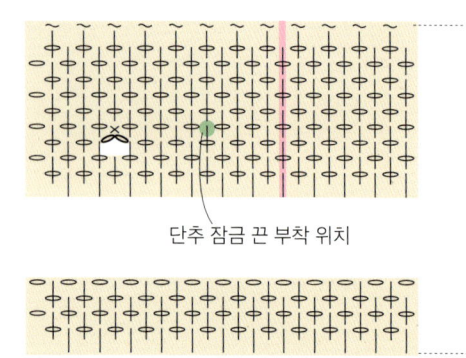

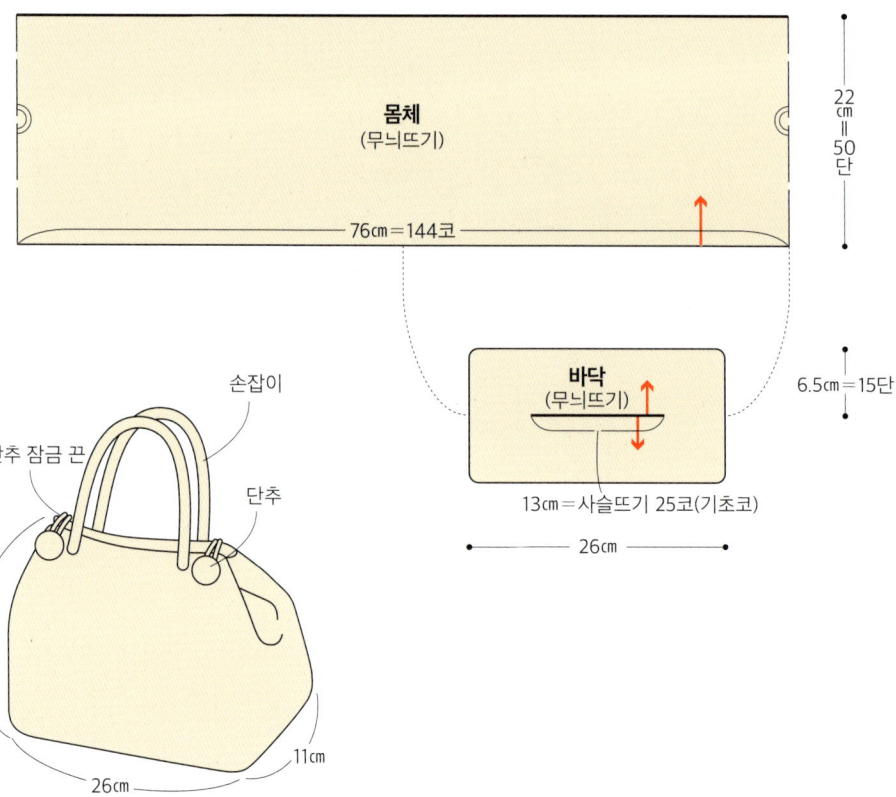

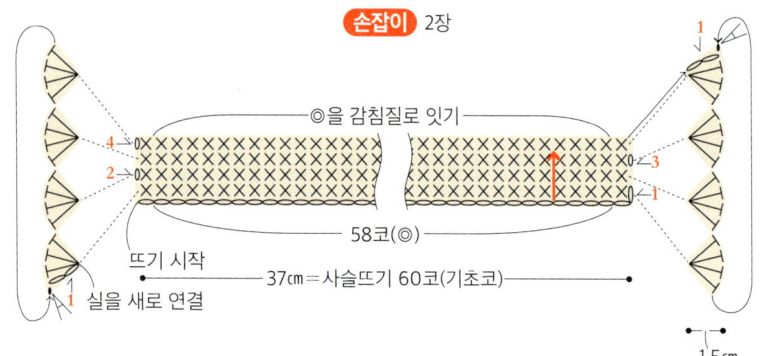

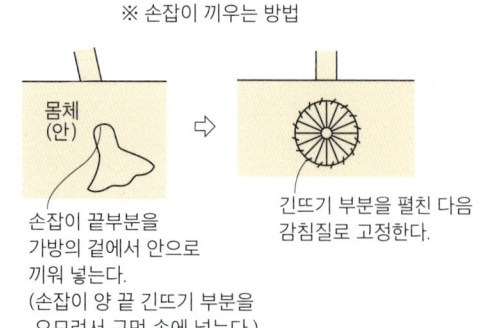

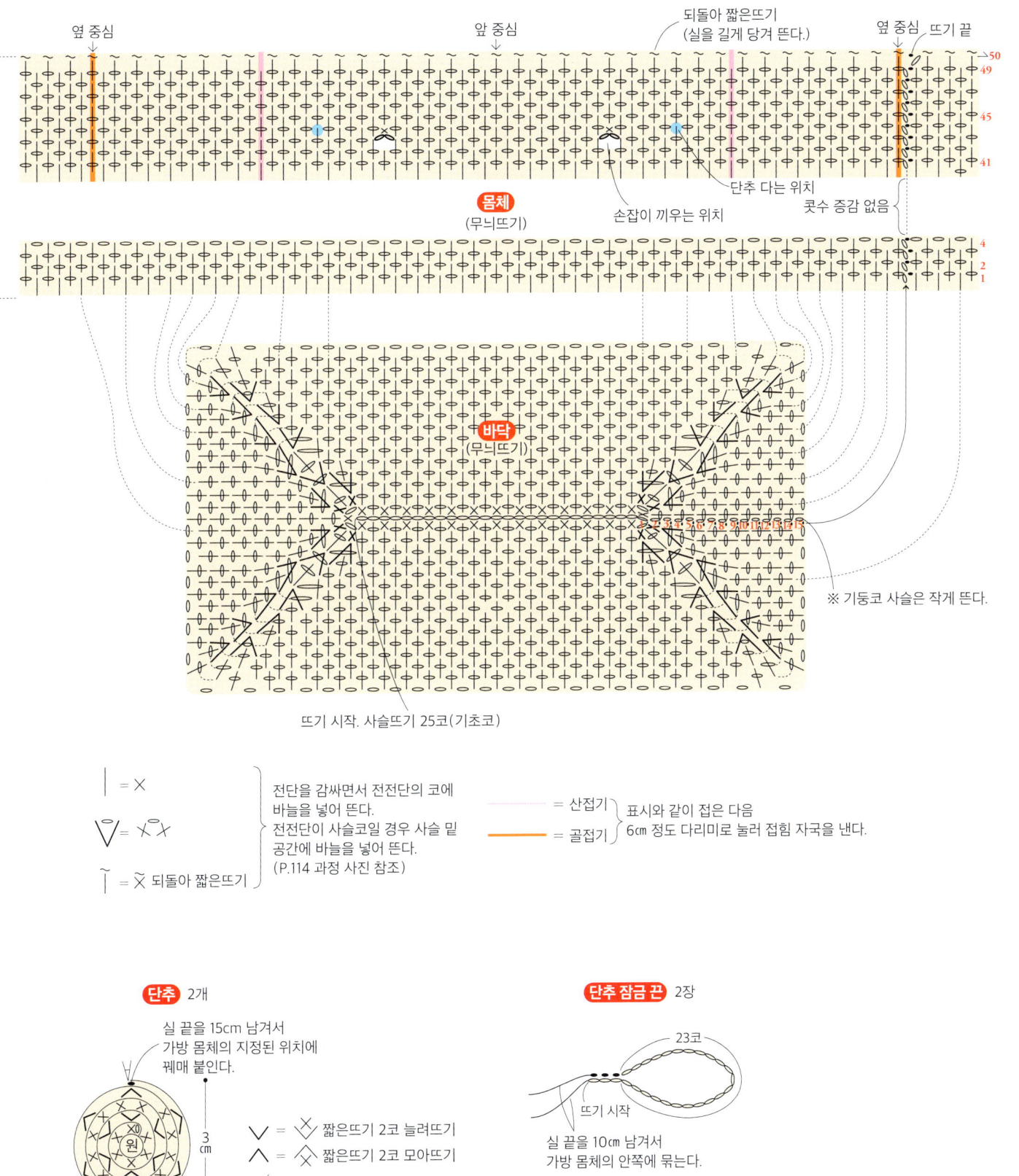

02. 큰 꽃잎 모양 가방 photo_P.8

【준비물】

실　하마나카 에코안다리아(1볼은 40g)
　　베이지(23) 175g

바늘　하마나카 아미아미 양쪽 코바늘 라쿠라쿠 6/0호

【게이지】

무늬뜨기 17코 7단=10×10cm

【완성 치수】

그림 참조

【뜨는 방법】 실 한 가닥으로 뜹니다.

<u>본체</u>는 매직 링을 만든 후 사슬뜨기 3코로 기둥코를 세우고 긴뜨기를 17코 뜬 다음, 2단부터 도안을 참고해 쭉 떠올라갑니다.

<u>손잡이</u>는 가방 입구까지 떠 나가다가 손잡이를 만들 곳에서 사슬뜨기 50코를 뜨며 트임을 만들어줍니다. 손잡이 안쪽의 지정된 위치에 새로 실을 잇고 빼뜨기 줄기뜨기로 둘러가며 뜨개질합니다.

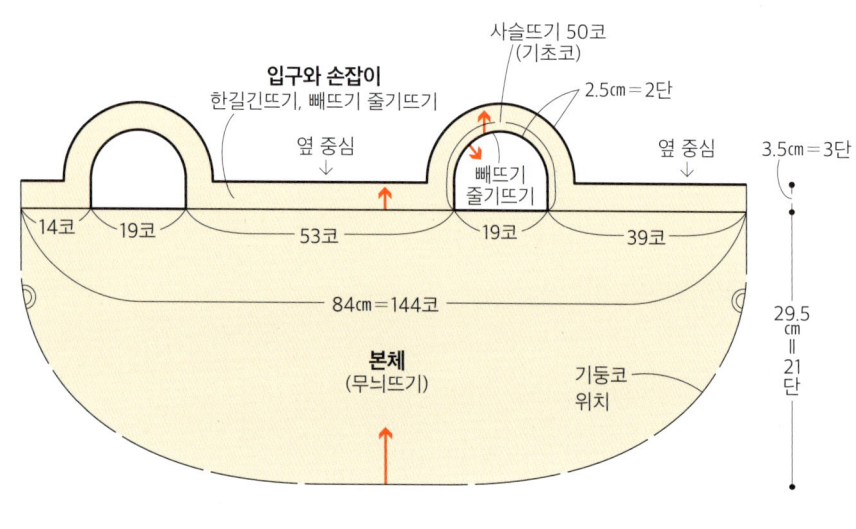

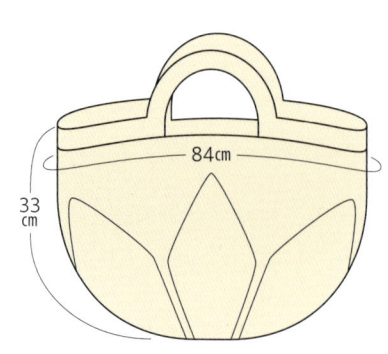

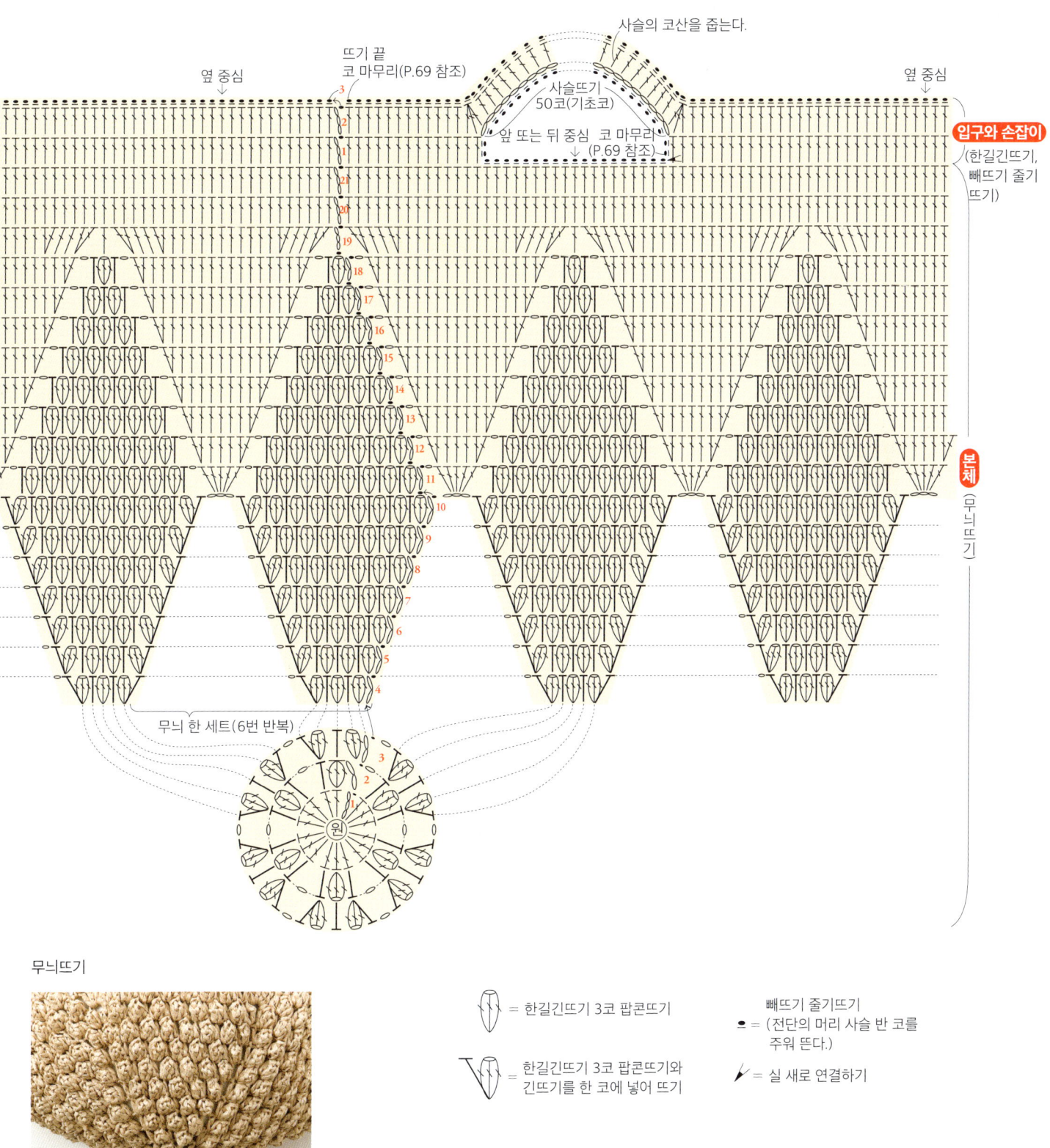

03. 햇볕으로부터 지켜주는 여름 모자 photo_P.11

【준비물】
실　　하마나카 에코안다리아(1볼은 40g)
　　　베이지(23) 115g
바늘　하마나카 아미아미 양쪽 코바늘 라쿠라쿠 5/0호

【게이지】
짧은뜨기 18코 17단=10×10cm
무늬뜨기(사이드 크라운) 1세트=4×4cm

【완성 치수】
머리둘레 56cm, 높이 9cm

【뜨는 방법】실 한 가닥으로 뜹니다.
톱 크라운은 매직 링에 짧은뜨기 7코를 뜬 다음 도안과 같이 계속해서 짧은뜨기를 떠 나갑니다. 그러면 사이드 크라운, 브림 순으로 자연스럽게 뜨기가 이어지며, 짧은뜨기 부분과 무늬뜨기 부분이 있습니다.

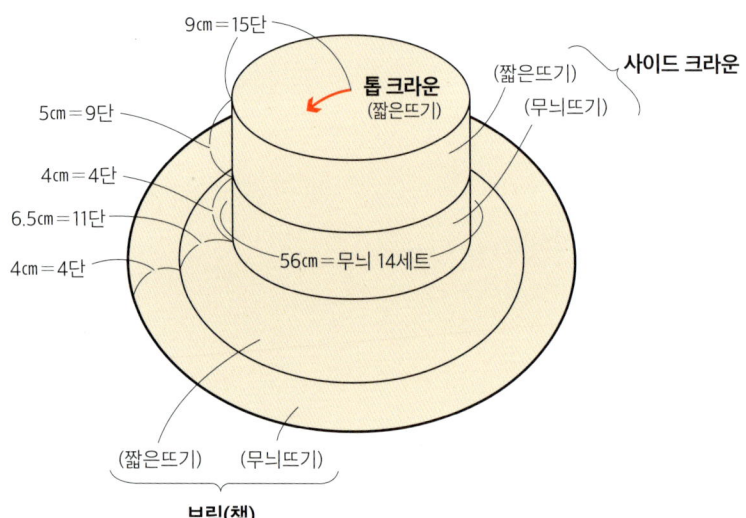

콧수와 코 늘림 규칙

	단	콧수	코 늘림
브림	1~4	무늬 24세트·264코	
	11	168코	증감 없음
	10	168코	14코 늘어남
	9	154코	증감 없음
	8	154코	14코 늘어남
	7	140코	증감 없음
	6	140코	14코 늘어남
	5	126코	증감 없음
	4	126코	14코 늘어남
	3	112코	증감 없음
	2	112코	14코 늘어남
	1	98코	증감 없음
사이드	1~4	무늬 14세트·98코	
	1~9	98코	증감 없음
	15	98코	단마다 7코씩 늘어남
	14	91코	
	13	84코	증감 없음
톱	12	84코	
	11	77코	
	10	70코	
	9	63코	
	8	56코	단마다 7코씩 늘어남
	7	49코	
	6	42코	
	5	35코	
	4	28코	
	3	21코	
	2	14코	
	1	매직 링에 7코 뜨기	

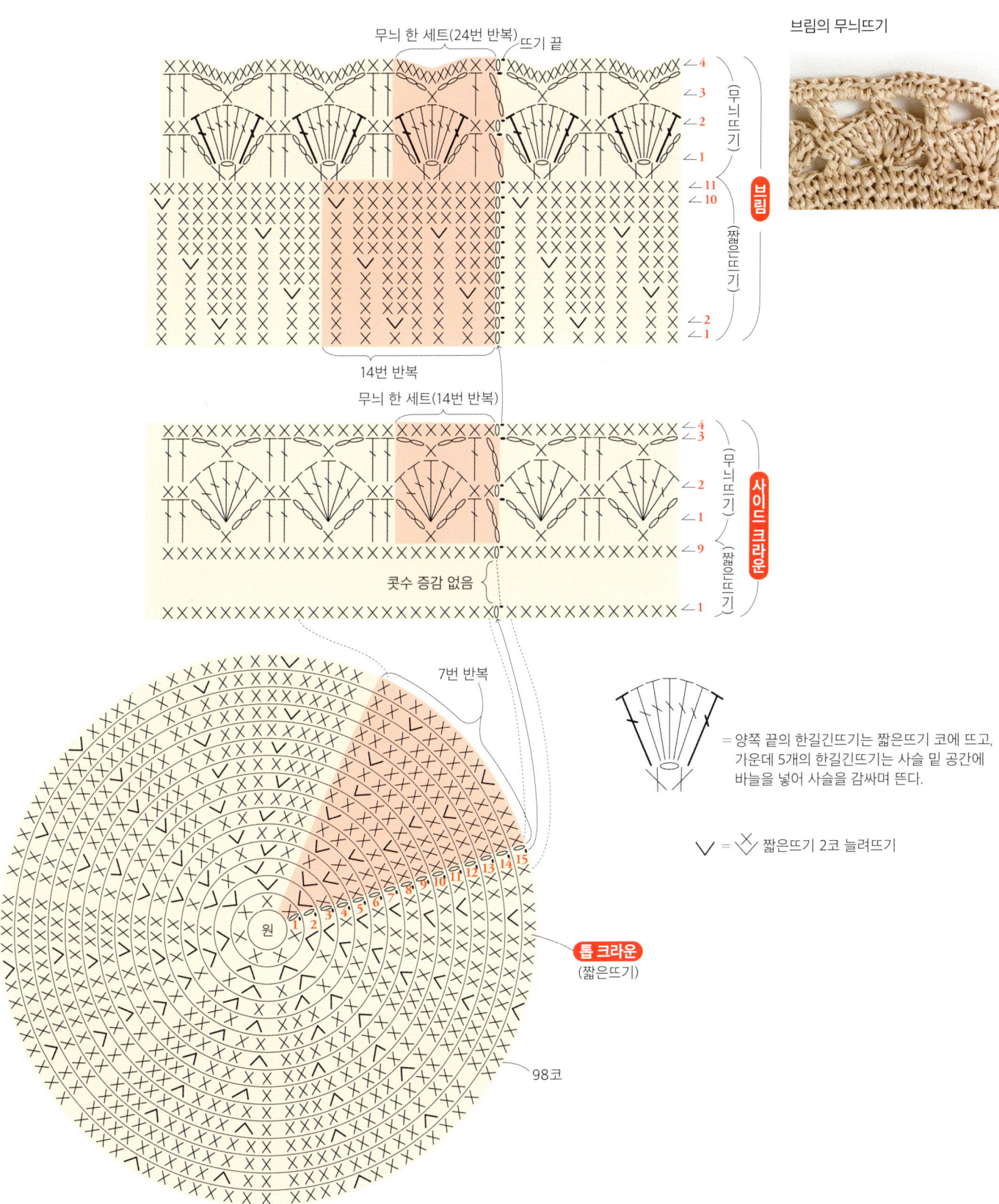

04. 나뭇잎 무늬 가방 photo_P.12

【준비물】
실　하마나카 에코안다리아(1볼은 40g)
　　　베이지(23) 270g
바늘　하마나카 아미아미 양쪽 코바늘 라쿠라쿠 6/0호

【게이지】
무늬뜨기 1세트=12cm, 10단=10cm

【완성 치수】
너비 36cm, 높이 29.5cm

【뜨는 방법】 실 한 가닥으로 뜹니다.
바닥은 매직 링에 한길긴뜨기를 뜨면서 시작해서 몸체까지 이어서 떠 나가되, 몸체는 무늬뜨기로 29단을 뜨고 가방의 입구에 해당하는 마지막 단은 되돌아 짧은뜨기를 합니다.
손잡이는 사슬뜨기 95코로 기초코를 만들고 콧수의 증감 없이 짧은뜨기로 전체를 뜬 다음, 몸체 안쪽에 꿰매 고정시킵니다.

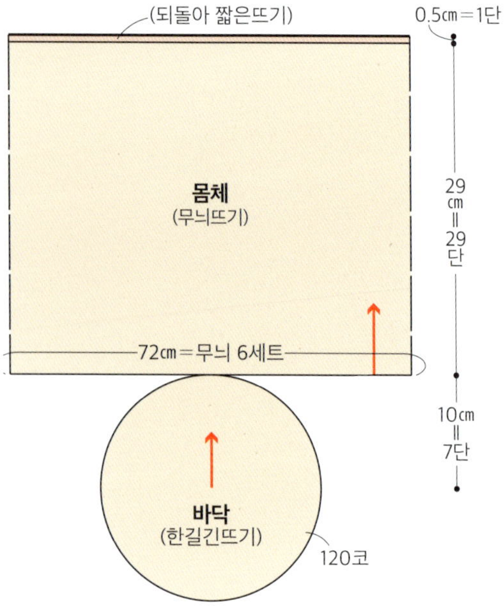

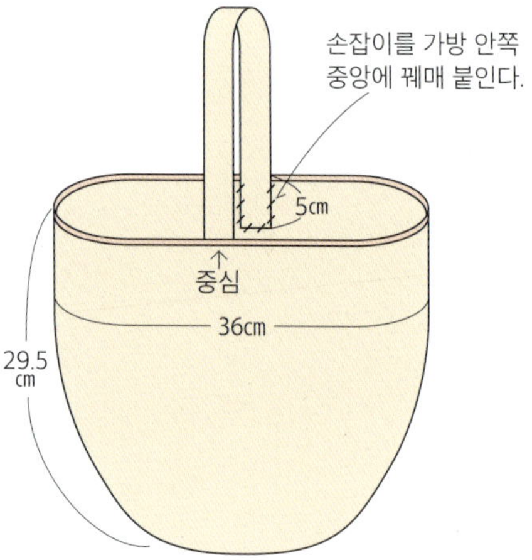

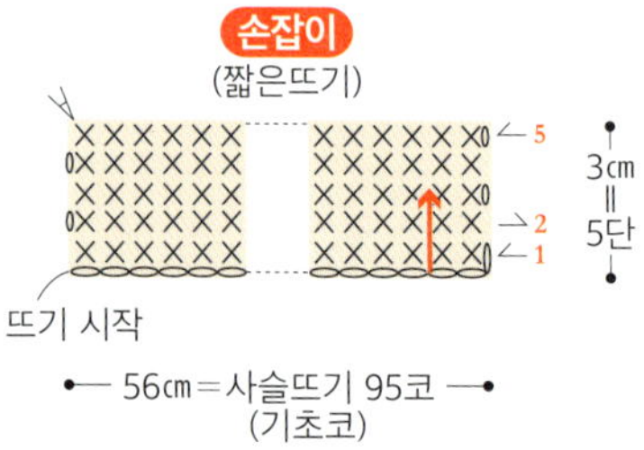

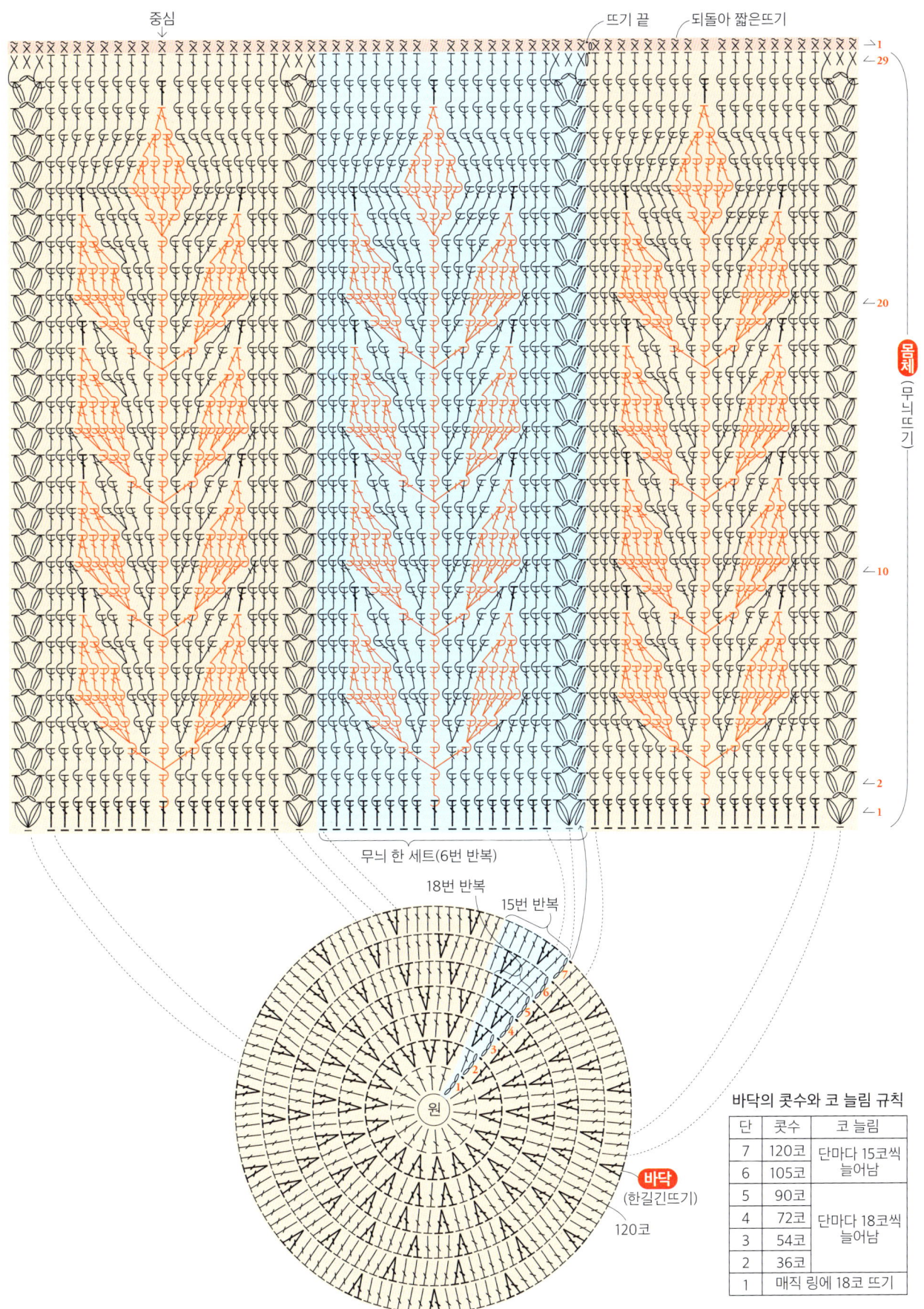

05. 교차뜨기의 숄더백 photo_P.15, 16

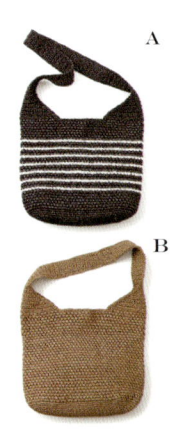

A
B

【준비물】
실　하마나카 에코안다리아(1볼은 40g)
　　A 검정(30) 220g, 오프화이트(168) 30g
　　B 카키(59) 210g
바늘　하마나카 아미아미 양쪽 코바늘 라쿠라쿠 6/0호
기타　하마나카 자석 단추(지름 14㎜) 1쌍씩
　　A 블랙 메탈(H206-043-2)
　　B 앤티크(H206-043-3)

【게이지】
짧은뜨기 교차뜨기 10세트(20코) 12.5단=10×10cm

【완성 치수】 그림 참조

【뜨는 방법】실 한 가닥으로 뜹니다. 가방 A는 지정 이외는 검정 실로 뜹니다.
바닥은 사슬뜨기 34코로 기초코를 만들고 도안과 같이 짧은뜨기로 뜨면서 10단을 뜹니다. 이어서 짧은뜨기 교차뜨기로 몸체를 떠 나갑니다. 이때 가방 A의 경우 두 색을 번갈아 떠서 줄무늬 패턴을 만듭니다.
손잡이는 지정된 위치에 새 실을 연결해 좌우 손잡이를 각각 떠준 다음 양쪽 손잡이의 끝을 돗바늘로 감치기하여 이어줍니다.
손잡이를 이어 맞춘 부분에 실을 연결해 손잡이와 가방 입구의 가장자리를 둘러가며 테두리 1단을 뜹니다.
단추 토대를 뜬 다음 토대에 자석 단추를 끼워주고, 자석 단추를 끼운 토대를 가방 안쪽에 꿰매어 붙입니다.

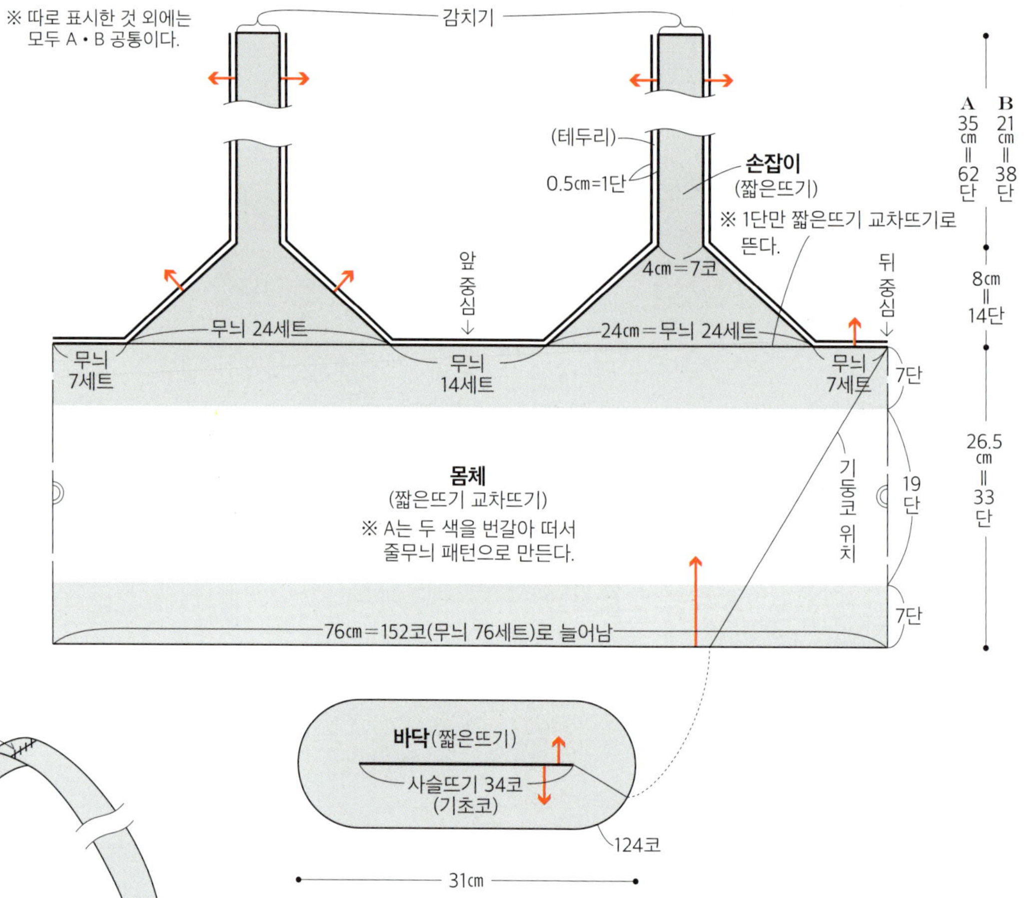

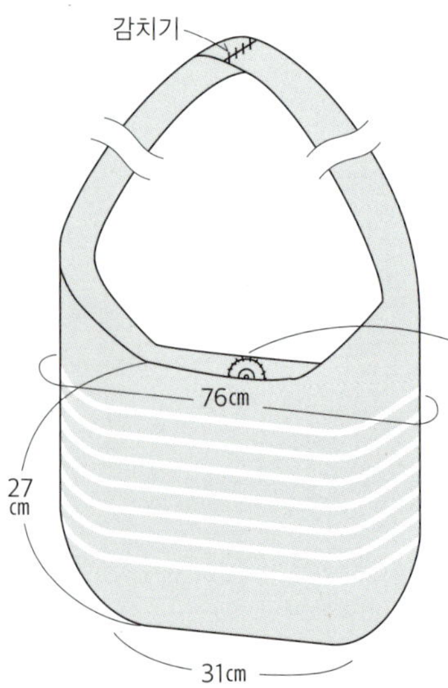

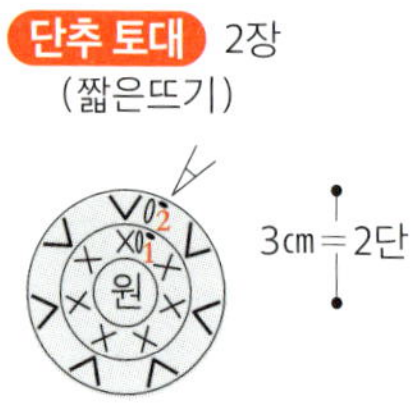

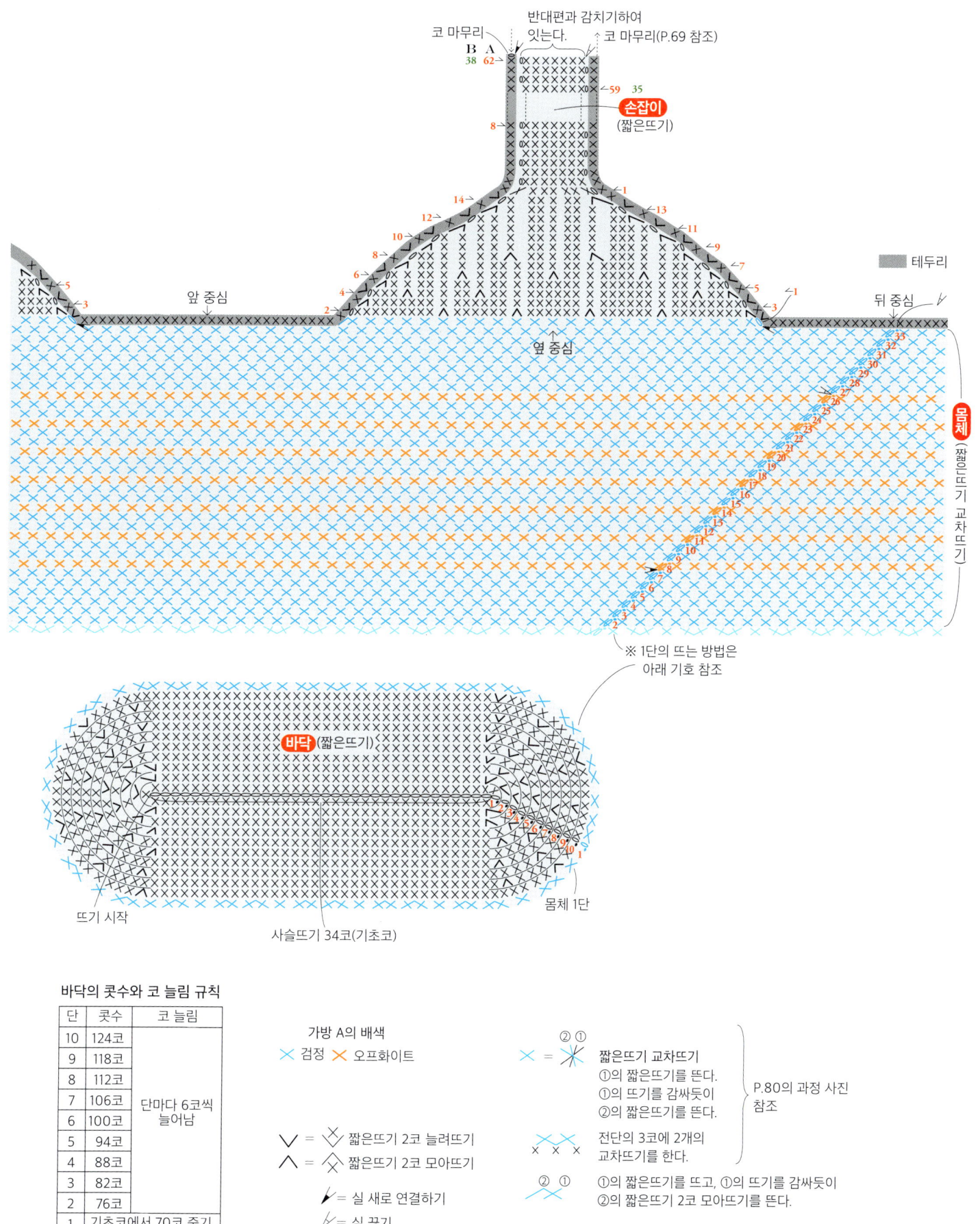

짧은뜨기 교차뜨기 뜨는 법

※이해를 돕기 위해 편물과 다른 색 실을 사용하여 떴습니다.

← 몸체의 2단
← 몸체의 1단
← 바닥의 10단

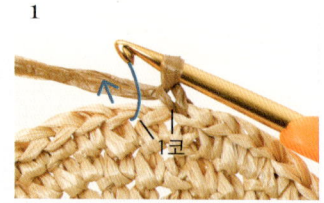

1
몸체 1단. 사슬뜨기를 1코로 기둥코를 세우고, 전단(바닥의 10단)의 첫 번째 짧은뜨기 코를 건너뛰고 두 번째 코에 바늘을 넣어 짧은뜨기를 뜬다.

2
1에서 건너뛴 코에 바늘을 넣는다.

3
1에서 먼저 뜬 짧은뜨기를 감싸듯이 짧은뜨기를 완성한다.

4
두 번째 짧은뜨기를 마친 상태. 짧은뜨기 교차뜨기 무늬가 1개 완성되었다.

5
다음 코에 바늘을 넣어 짧은뜨기를 한다.

6
1과 같은 곳에 바늘을 넣고 5의 코를 감싸듯이 짧은뜨기를 뜬다.

7
두 번째 짧은뜨기 교차뜨기 완성. 한 코에 두 번 바늘을 넣었기 때문에 1코가 늘어난 셈이다(✕).

8
다음 코를 건너뛰고 그 다음 코에 짧은뜨기를 뜬 다음, 건너뛴 코에 다시 짧은뜨기를 뜬다.

9
8의 방법으로 교차뜨기(✕)를 한 번 더 뜬다. 콧수는 늘어나지 않는다.

10
도안을 보면서 ✕의 위치에서 1코씩 늘리면서 1단을 뜬다.

11
1단의 마지막은 1에서 뜬 짧은뜨기 머리 사슬에 바늘을 넣어 실을 감아 뺀다. (빼뜨기)

12
2단 시작. 기둥코를 하나 뜨고 전단의 첫 번째 짧은뜨기 코에 짧은뜨기를 뜬다.

13
기둥코 사슬을 지나 전단의 마지막 코에 바늘을 넣고 짧은뜨기를 뜬다 (✕).

14
이후에는 8의 방법으로 뜨개질을 진행한다.

06. 반달 가방 photo_P.19

【준비물】
실　하마나카 에코안다리아(1볼은 40g)
　　베이지(23) 180g
바늘　하마나카 아미아미 양쪽 코바늘 라쿠라쿠 6/0호
기타　하마나카 대나무 핸들 원형(중) (H210-623-1) 1쌍

【게이지】
무늬뜨기 17코=10cm, 2단(긴뜨기·한길긴뜨기)=약 2.5cm

【완성 치수】
그림 참조

【뜨는 방법】 실 한 가닥으로 뜹니다.
본체는 사슬뜨기 51코로 기초코를 만들고 도안을 참고해 콧수를 증감하면서 무늬뜨기로 69단을 뜹니다.
계속해서 손잡이 쪽의 콧수를 줄이면서 테두리를 뜹니다.
손잡이 쪽 테두리에 실을 연결해 핸들을 고정할 손잡이 편물을 8단 뜹니다.
맞은편도 지정된 위치에 실을 연결해 같은 방법으로 손잡이 편물을 뜹니다.
핸들 고정용 편물을 접어 넘겨 핸들을 감싸고 편물을 감치기하여 가방에 꿰매 붙입니다.
본체의 각 단의 선이 직선이 되도록 스팀다리미로 정리합니다.

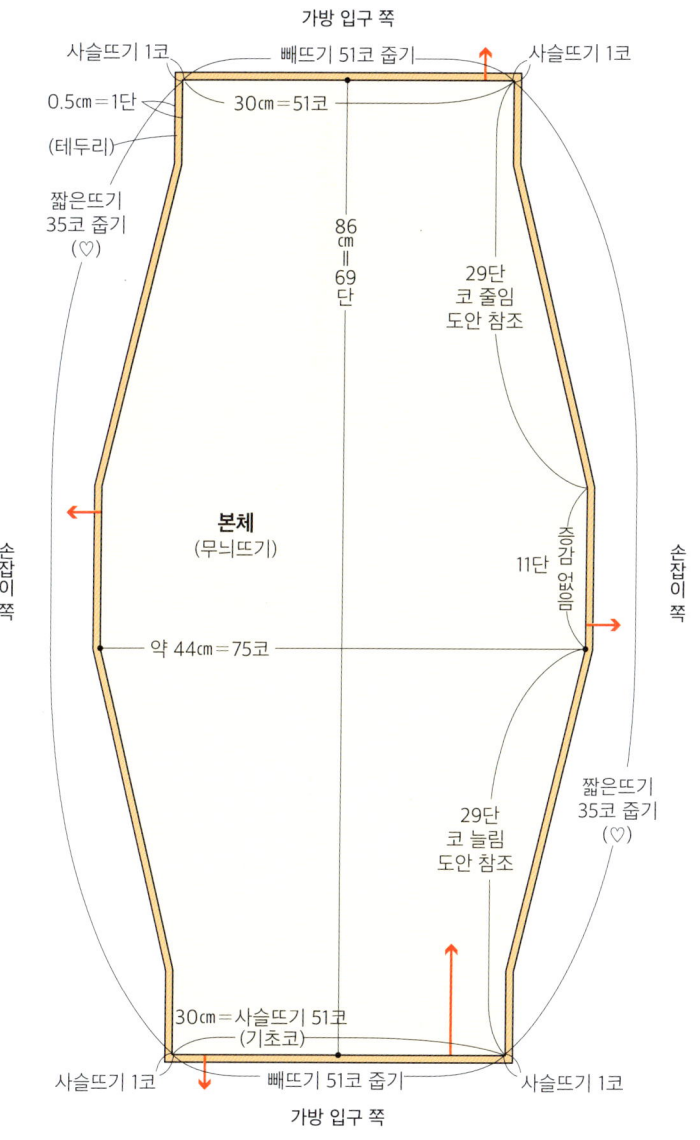

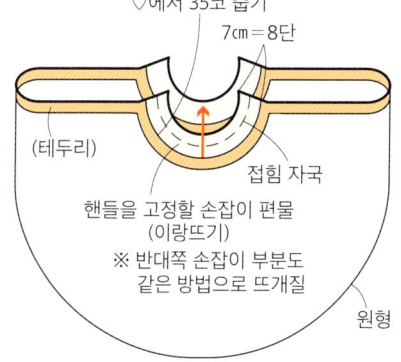

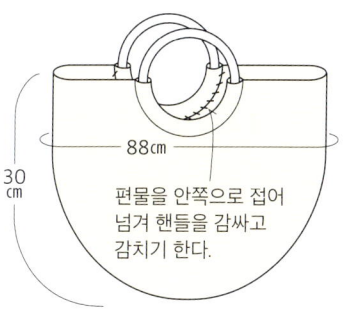

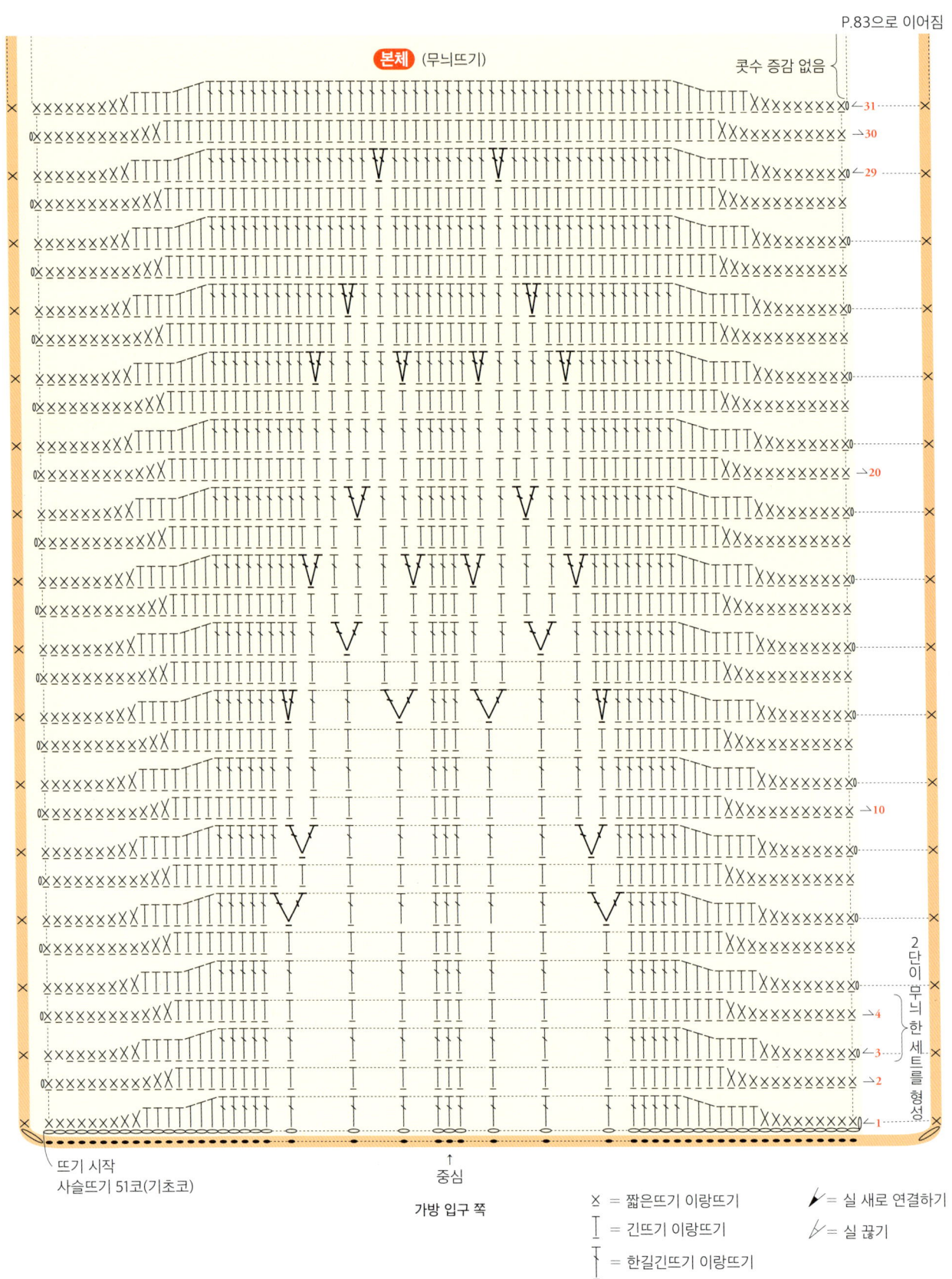

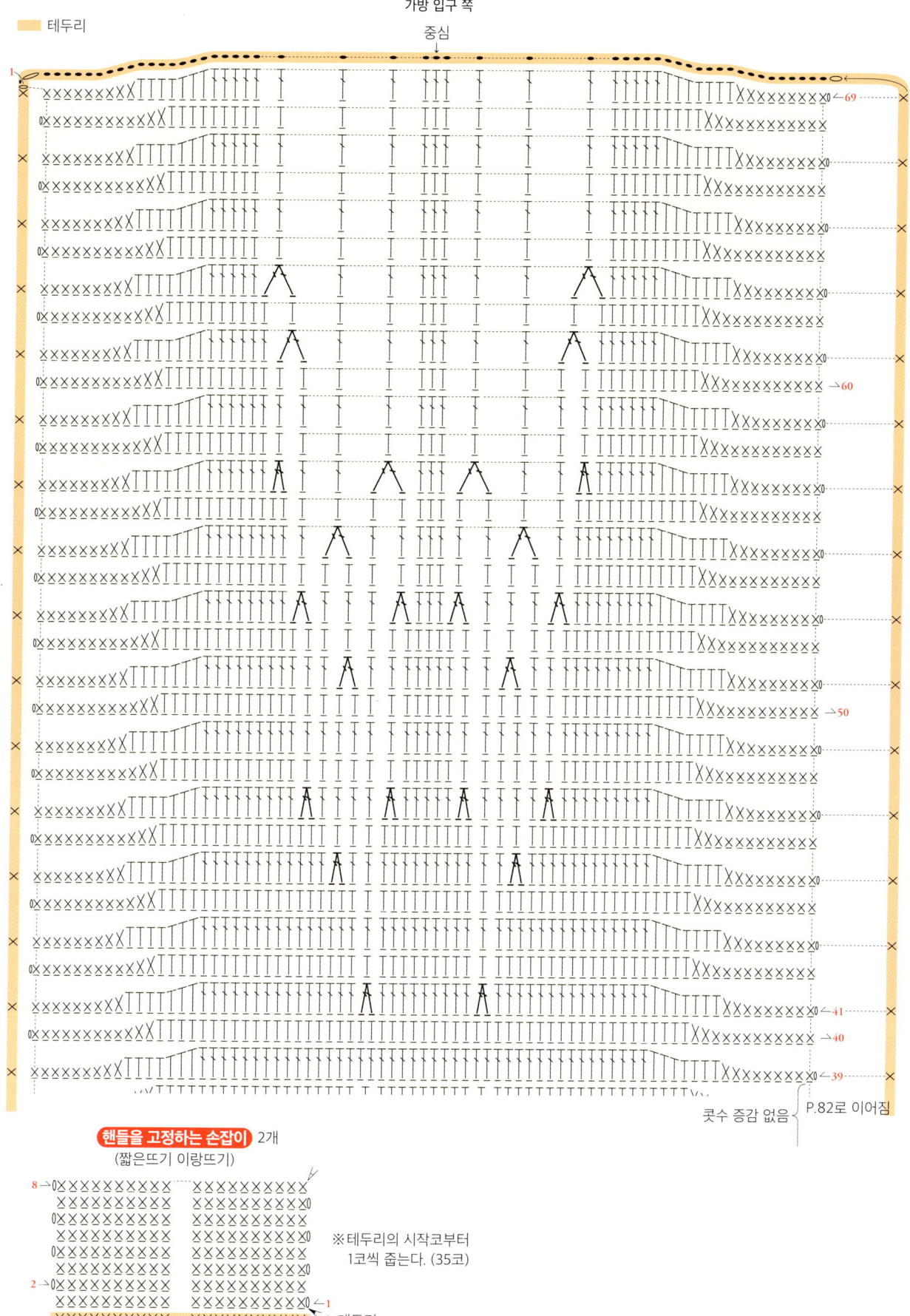

07. 데코 링 캉캉 모자 photo_P.21

【준비물】

실   하마나카 에코안다리아(1볼은 40g) 베이지(23) 110g
        하마나카 에코안다리아《크로셰》(1볼은 30g) 검정(807) 10g
바늘   하마나카 아미아미 양쪽 코바늘 라쿠라쿠 5/0호, 3/0호
기타   하마나카 테크노로트(H204-593) 230cm
        열수축 튜브(H204-605) 5cm
        모티브 링 12mm(H204-588-12) 17개

【게이지】

짧은뜨기 19코 20단=10×10cm

【완성 치수】

머리둘레 56cm, 높이 8.5cm

【뜨는 방법】 실 한 가닥으로 뜹니다. 모자는 에코안다리아로, 데코 링은 에코안다리아《크로셰》로 뜹니다.

톱 크라운은 사슬뜨기 5코로 기초코를 만들고 기초코에서 짧은뜨기를 14코 주워 뜹니다. 2단부터는 기둥코를 세우지 않고 빙글빙글 돌면서 도안과 같이 뜹니다. 이때, 단 표시 링으로 시작 부분을 표시해두면 좋습니다.

계속해서 콧수의 증감 없이 사이드 크라운을 떠 나가고, 도안을 참고해 코를 늘리면서 브림을 떠 나갑니다.

데코 링은 모티브 링을 이용해 뜨되, 모티브를 절반씩 뜨개질하면서 17번째 모티브와 첫 번째 모티브를 연결합니다.

완성된 데코 링을 사이드 크라운의 앞뒤 2곳에 꿰매 붙입니다.

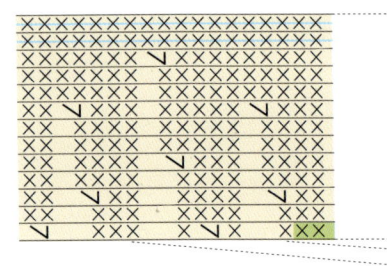

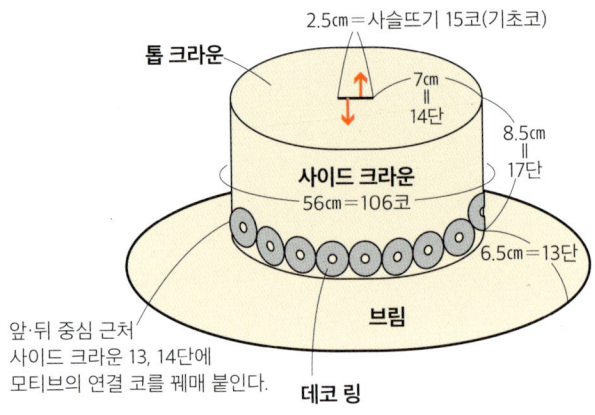

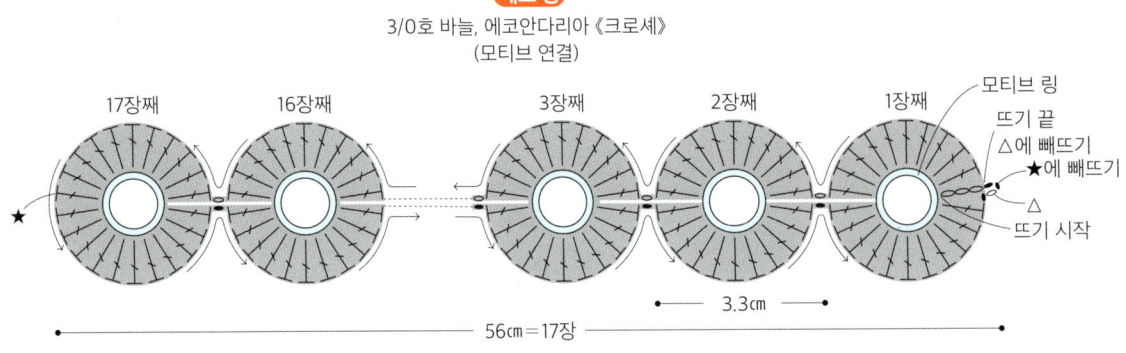

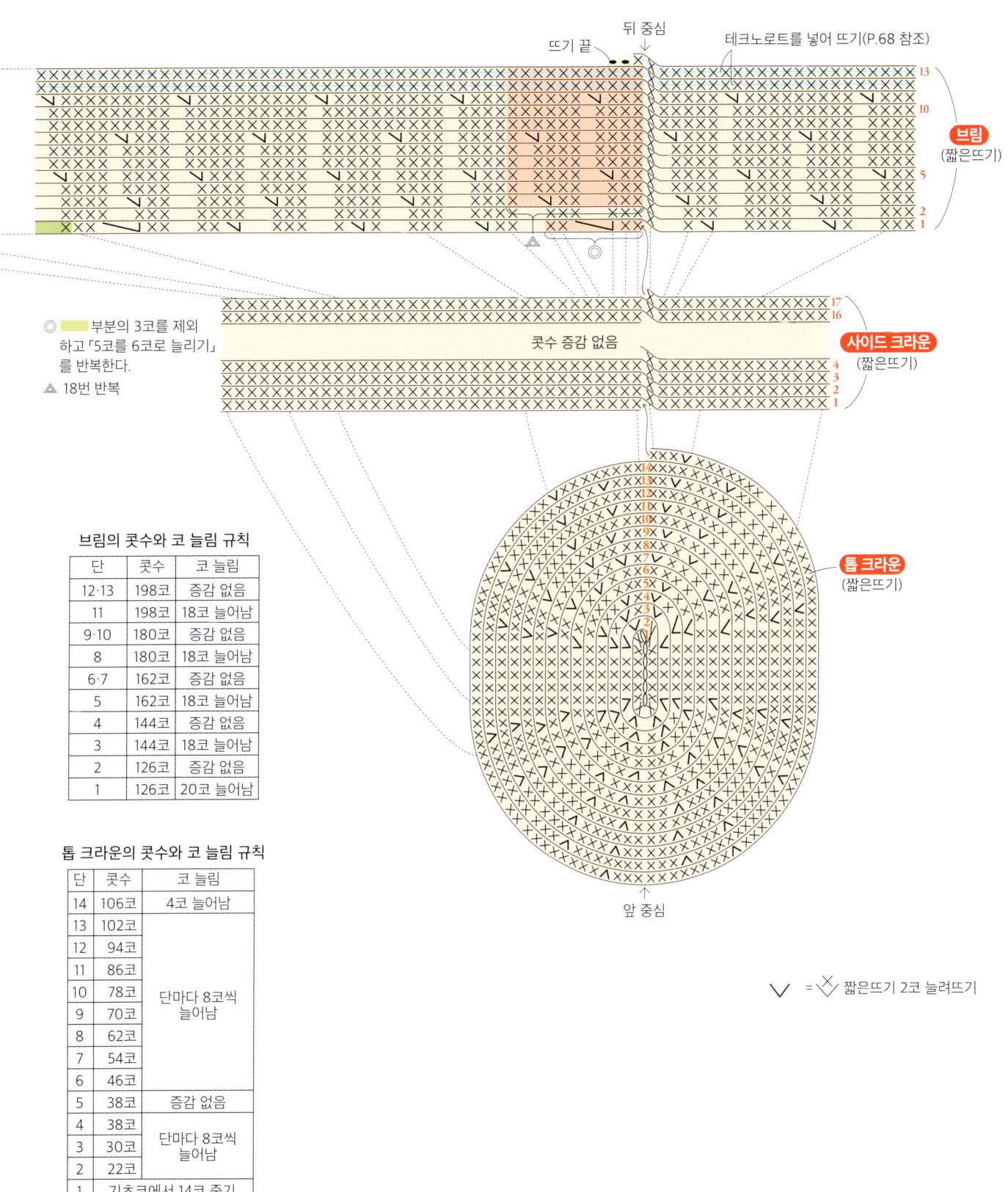

08. 리본 가방 photo_P.22

【준비물】

실　　하마나카 에코안다리아(1볼은 40g)
　　　검정(30) 150g
바늘　하마나카 아미아미 양쪽 코바늘 라쿠라쿠 5/0호

【게이지】
짧은뜨기 17코 17단=10×10cm

【완성 치수】
그림 참조

【뜨는 방법】 실 한 가닥으로 뜹니다.
바닥은 사슬뜨기 23코로 기초코를 만들고, 도안과 같이 짧은뜨기를 뜨면서 코를 늘려 나가며, 매 단 뜨는 방향을 바꿉니다.
몸체도 바닥과 같은 방법으로 짧은뜨기로 떠 나가고, 입구의 지정된 곳에 사슬뜨기 55코를 떠서 손잡이 트임을 만듭니다.
벨트는 사슬뜨기 20코로 기초코를 만들고, 짧은뜨기를 8단 뜹니다.
이렇게 2장을 뜬 다음 가방 입구에 턱 주름을 잡고 벨트를 꿰매 붙여 리본 모양을 만듭니다.

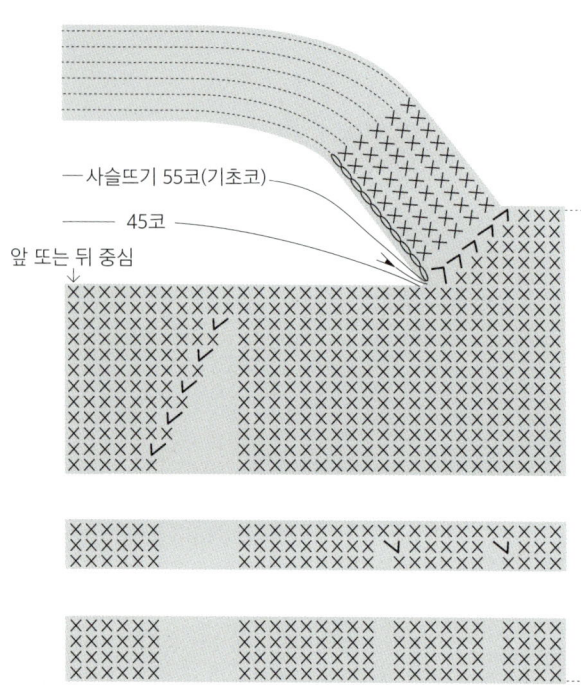

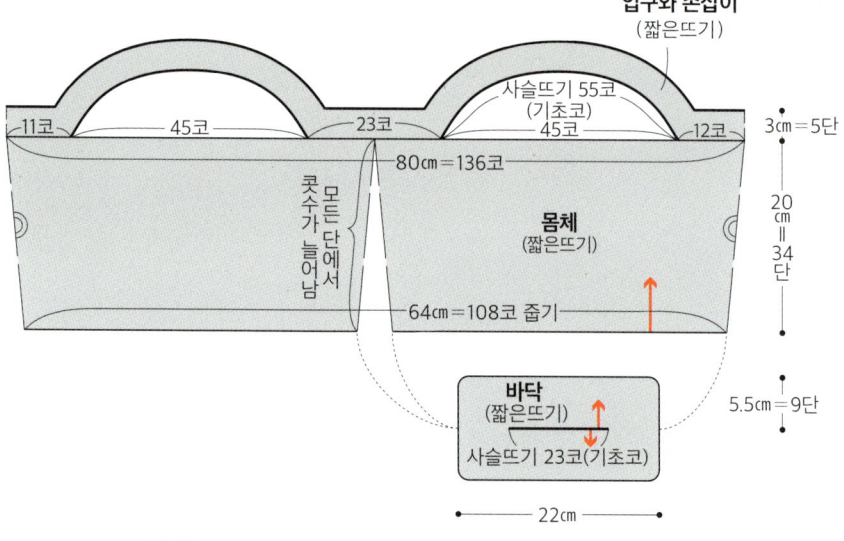

입구의 리본

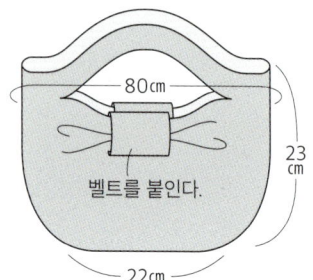

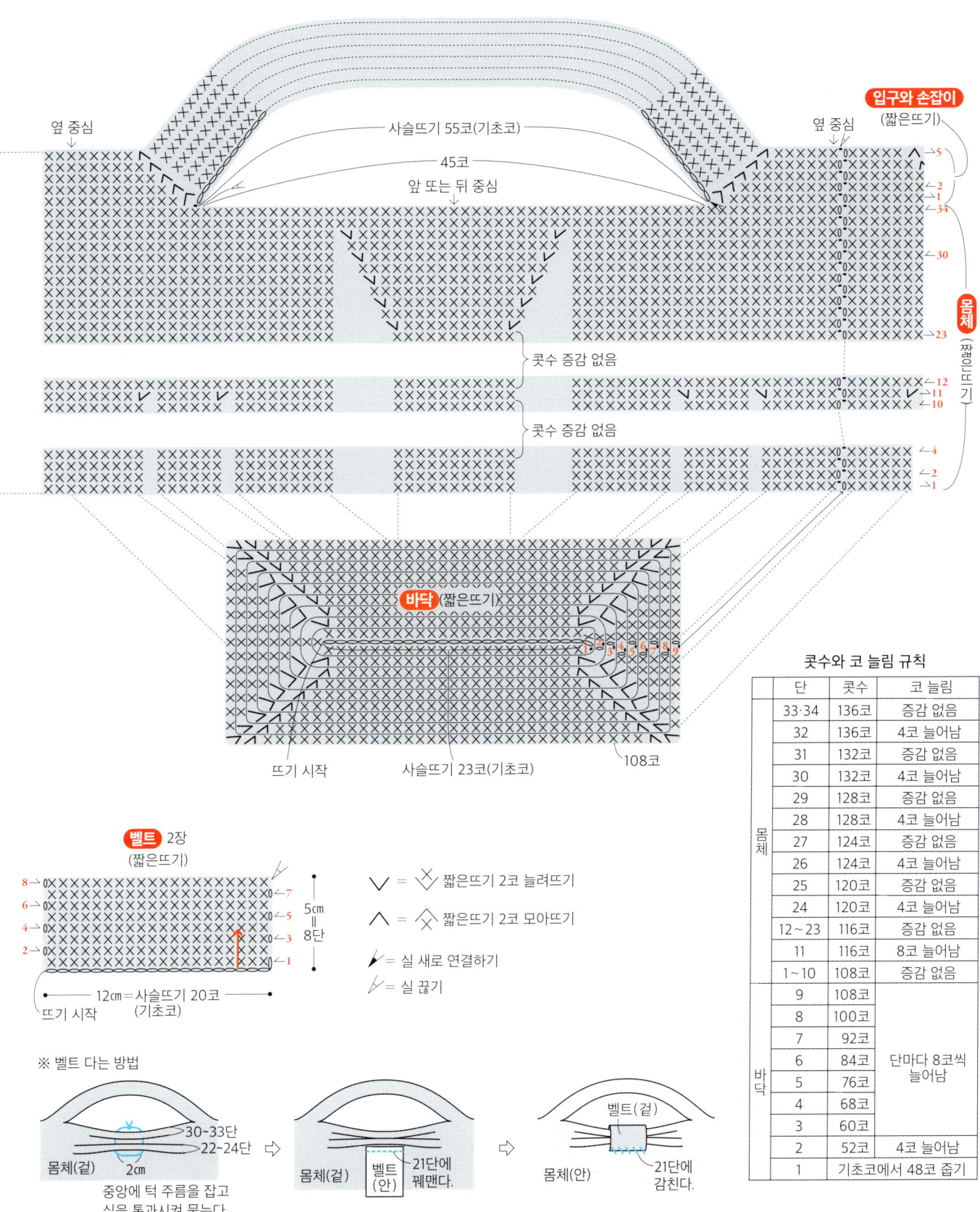

09. 원형 포셰트 photo_P.25

【준비물】
실   하마나카 에코안다리아(1볼은 40g)
     네이비(57) 90g
바늘 하마나카 아미아미 양쪽 코바늘 라쿠라쿠 5/0호
기타 지름 1cm, 길이 3cm의 우드 떡볶이 단추 1개

【게이지】
무늬뜨기 7단=9.5cm
짧은뜨기 9단=5cm 17단=10cm

【완성 치수】
지름 20cm, 깊이 5cm

【뜨는 방법】 실 한 가닥으로 뜹니다.
몸체는 매직 링으로 시작해 도안과 같이 무늬뜨기를 뜹니다. 총 2장(앞면과 뒷면) 떠줍니다.
옆판은 기초코 9코로 시작해 짧은뜨기를 증감 없이 76단을 뜹니다.
몸체(앞면)와 옆판을 겉과 겉을 마주한 채 빼뜨기로 연결하고, 입구 부분은 몸체만 빼뜨기 합니다. 나머지 1장(뒷면)도 같은 방법으로 옆판과 연결합니다.
어깨끈은 실 4가닥을 한 묶음으로 총 3묶음을 만들어 땋아줍니다.
단추 잠금 끈은 기초코 7코로 시작해 도안과 같이 떠줍니다.
어깨 끈을 옆판에 감침질하여 고정하고, 실 끝을 가방 안쪽으로 밀어 넣습니다.
단추 잠금 끈을 가방 뒤쪽에 묶어주고 가방 앞쪽에 단추를 답니다.

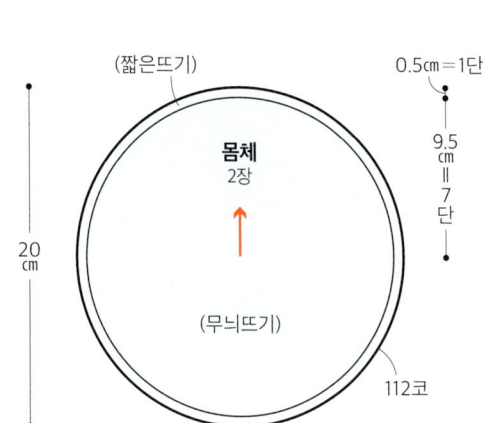

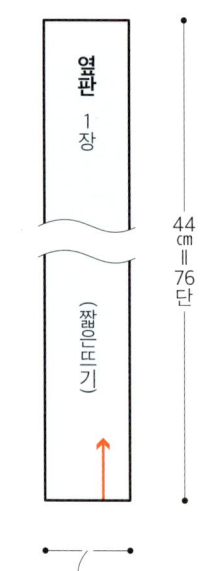

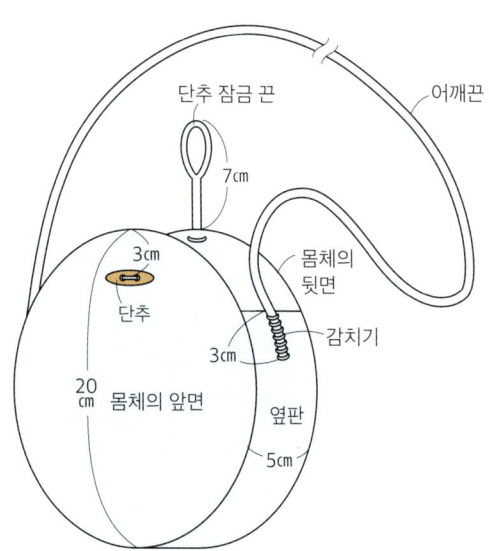

몸체

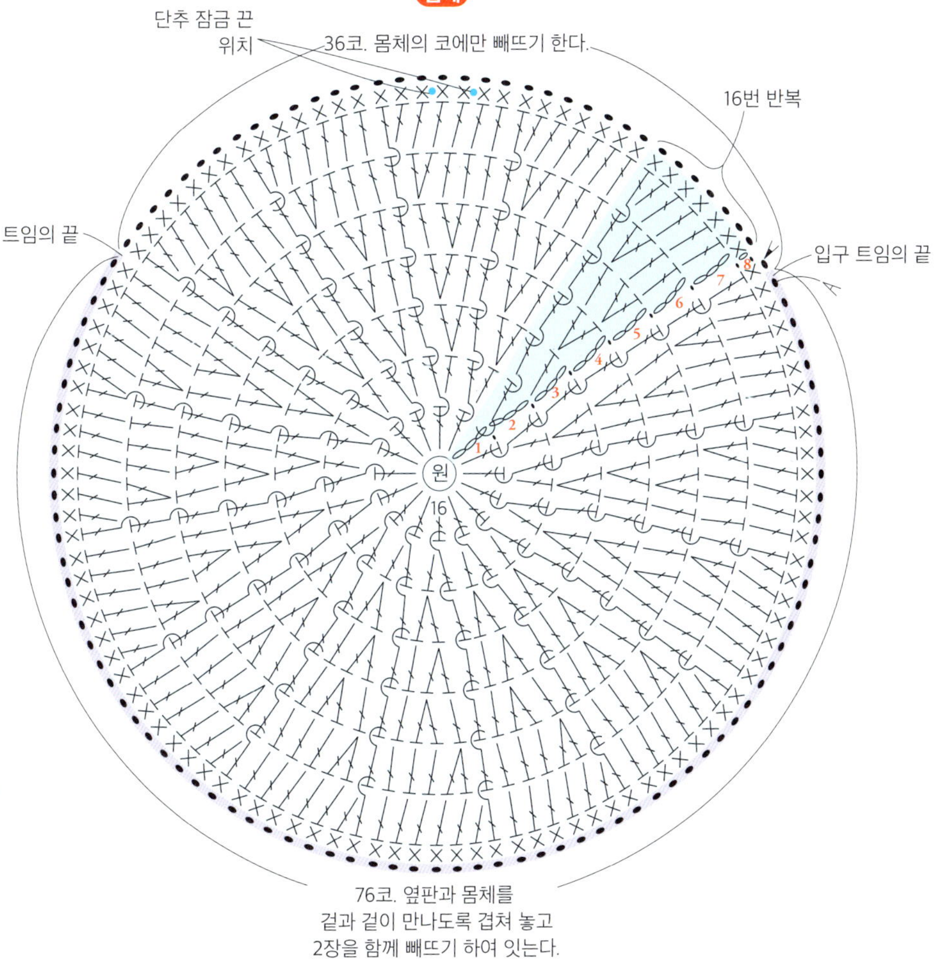

단추 잠금 끈
위치
36코. 몸체의 코에만 빼뜨기 한다.
16번 반복
입구 트임의 끝
입구 트임의 끝
원
16
1
2
3
4
5
6
7
8
76코. 옆판과 몸체를
겉과 겉이 만나도록 겹쳐 놓고
2장을 함께 빼뜨기 하여 잇는다.

몸체의 콧수와 코 늘림 규칙

단	콧수	코 늘림
8	112코	증감 없음
7	112코	단마다 16코씩 늘어남
6	96코	
5	80코	
4	64코	
3	48코	
2	32코	
1	매직 링에 16코 뜨기	

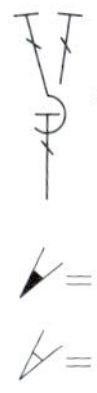

2단과 7단
= 전단의 한길긴뜨기 코에 한길긴뜨기와 한길긴뜨기 앞걸어뜨기를 한다.

= 실 새로 연결하기

= 실 끊기

옆판

76
75
73
5
4
3
2
1
뜨기 시작

어깨끈 1장

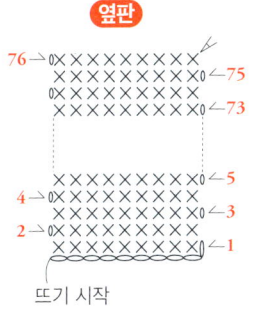

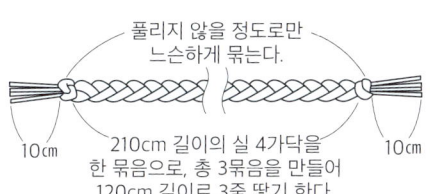

풀리지 않을 정도로만
느슨하게 묶는다.
10㎝
10㎝
210cm 길이의 실 4가닥을
한 묶음으로, 총 3묶음을 만들어
120cm 길이로 3줄 땋기 한다.

단추 잠금 끈

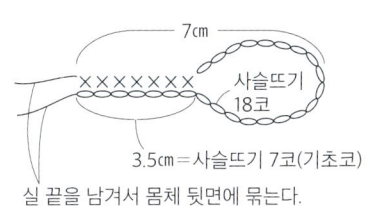

7㎝
사슬뜨기
18코
3.5㎝=사슬뜨기 7코(기초코)
실 끝을 남겨서 몸체 뒷면에 묶는다.

※ 어깨끈 다는 방법

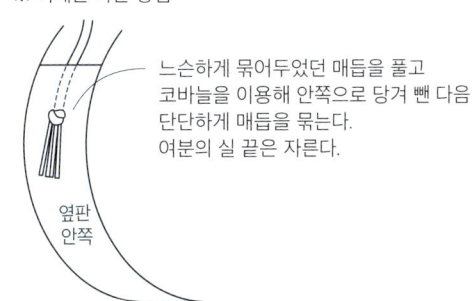

느슨하게 묶어두었던 매듭을 풀고
코바늘을 이용해 안쪽으로 당겨 뺀 다음
단단하게 매듭을 묶는다.
여분의 실 끝은 자른다.
옆판
안쪽

10. 우드 핸들 스퀘어백 photo_P.26

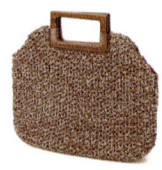

【준비물】

실 하마나카 에코안다리아(1볼은 40g)
브라운(159) 160g
하마나카 플랙스 Ly(1볼은 25g) 베이지(802) 110g

바늘 하마나카 아미아미 양쪽 코바늘 라쿠라쿠 7/0호

기타 스퀘어형 우드 핸들(15×9cm) 1쌍
하마나카 자석 단추(14mm) 블랙 메탈
(H206-043-2) 2쌍

【게이지】

긴뜨기 15코 10단=10×10cm
무늬뜨기 5세트=9cm, 9단=10cm

【완성 치수】

그림 참조

【뜨는 방법】 실은 따로 지시한 것 이외에는 에코안다리아와 플랙스 Ly를 한 가닥씩 합사하여 뜹니다.

바닥은 사슬뜨기 50코로 기초코를 만들고, 도안과 같이 긴뜨기로 증감 없이 10단을 뜹니다.

계속해서 바닥 가장자리를 둘러가며 무늬뜨기 하여 몸체를 뜹니다.

입구의 지정된 위치에 실을 연결해 무늬뜨기를 왕복뜨기로 4단 뜹니다.

계속해서 입구와 몸체의 테두리를 뜹니다.

손잡이는 에코안다리아 실 1가닥으로 핸들을 감싸며 짧은뜨기를 하고, 다시 핸들 주위를 돌면서 입구의 손잡이 위치 코를 주우며 빼뜨기 하여 붙입니다.

입구의 지정된 위치에 자석 단추를 붙입니다.

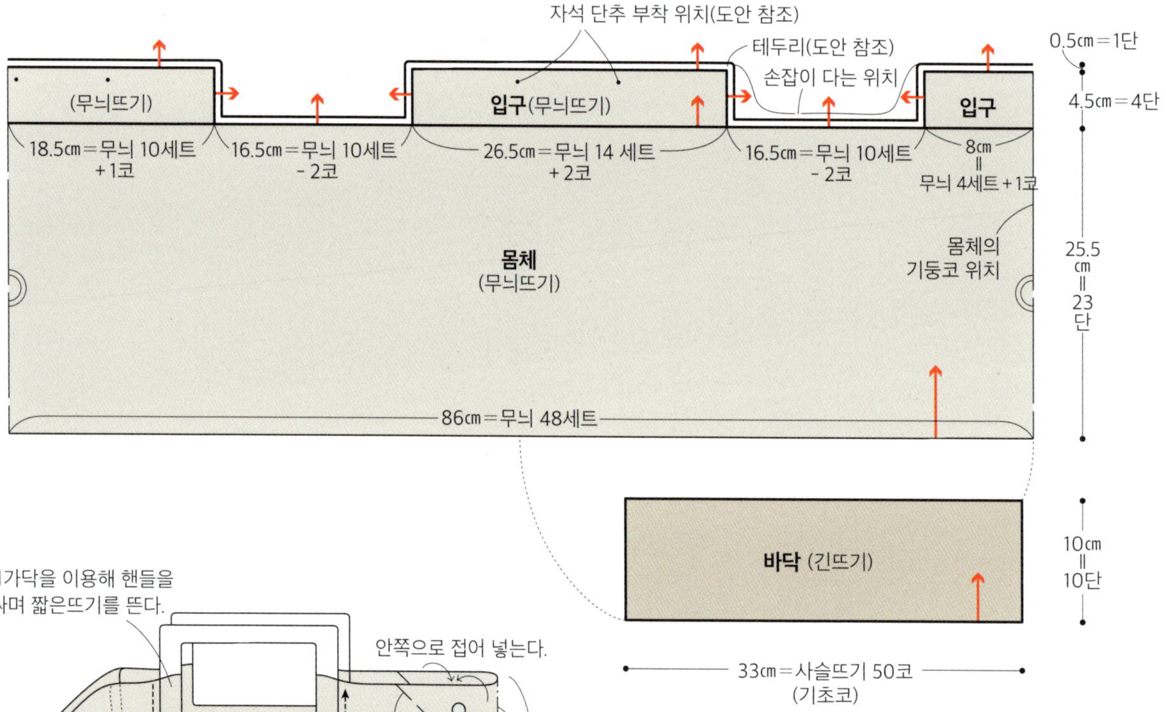

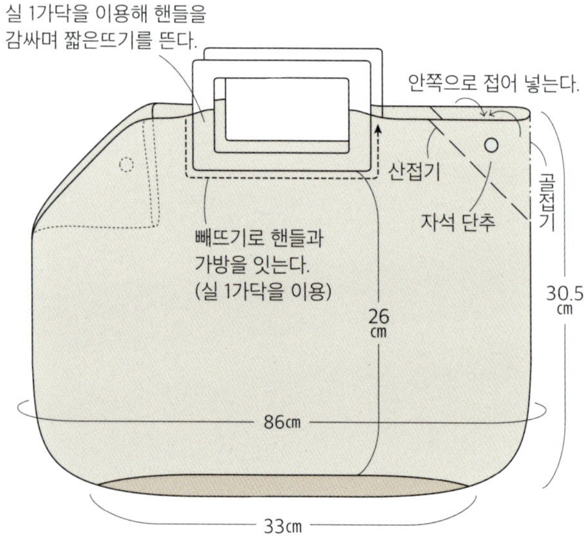

손잡이의 빼뜨기

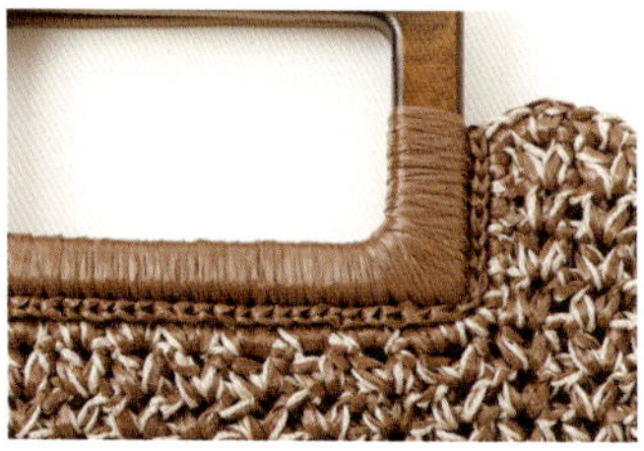

입구의 자석 단추

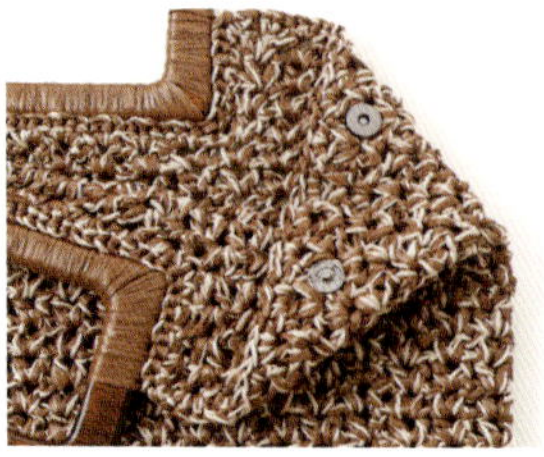

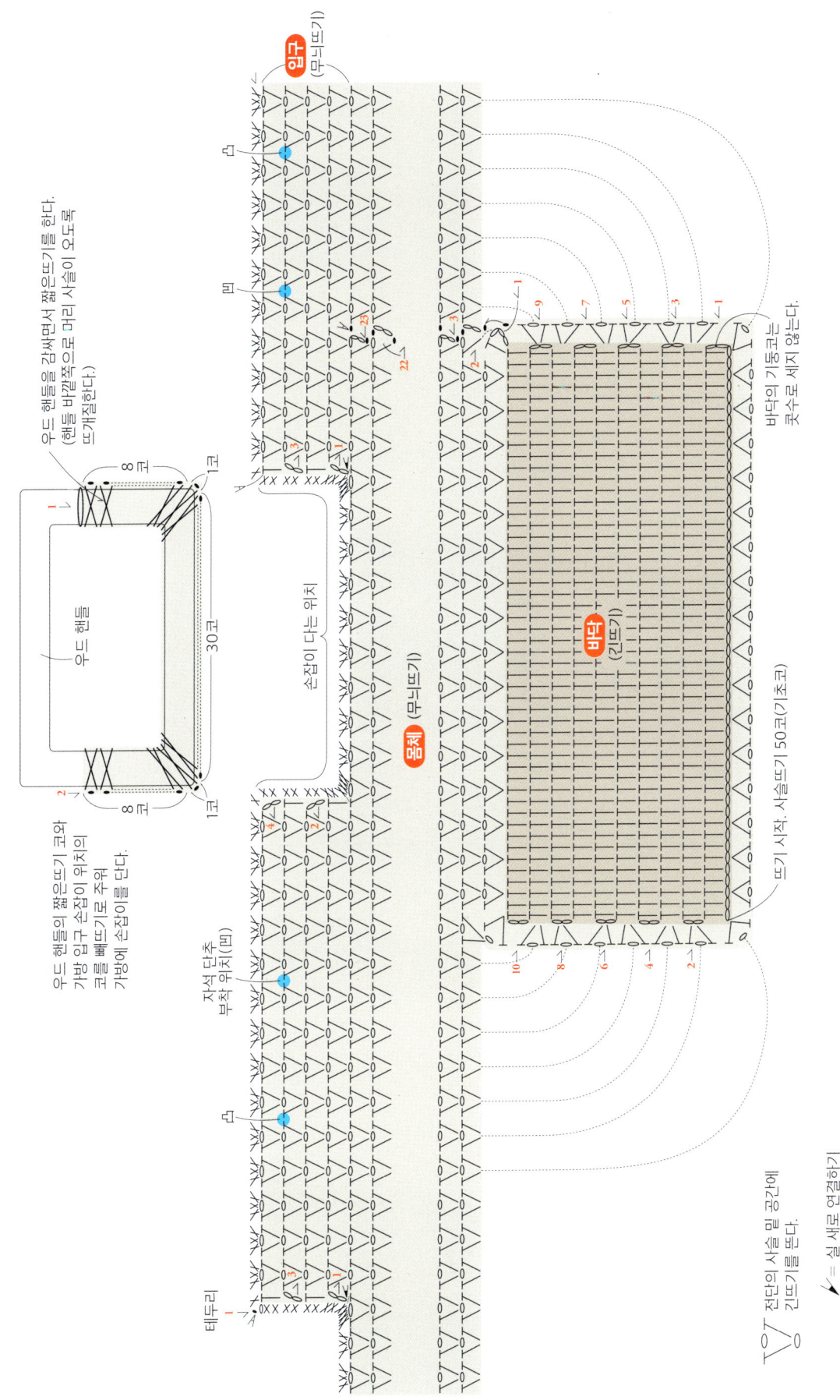

11. 파인애플 무늬 가방 photo_P.28

【준비물】
실 하마나카 에코안다리아(1볼은 40g)
   베이지(23) 180g
바늘 하마나카 아미아미 양쪽 코바늘 라쿠라쿠
   6/0호, 5/0호

【게이지】
한길긴뜨기 1단=1.5cm

【완성 치수】
너비 31cm, 높이 31cm, 깊이 6.5cm

【뜨는 방법】실 한 가닥으로, 지시한 바늘을 이용해 뜹니다.
몸체는 매직 링으로 시작해 도안과 같이 뜹니다.
옆판과 손잡이는 사슬뜨기로 기초코를 만들고 도안과 같이 뜹니다.
몸체와 옆판을 맞대고 반 코씩 주워 돗바늘로 감쳐서 편물을 이은 다음, 손잡이를 지정된 위치에 붙입니다.
옆판의 입구 쪽을 접어 넣고 스팀다리미로 모양을 정돈합니다.

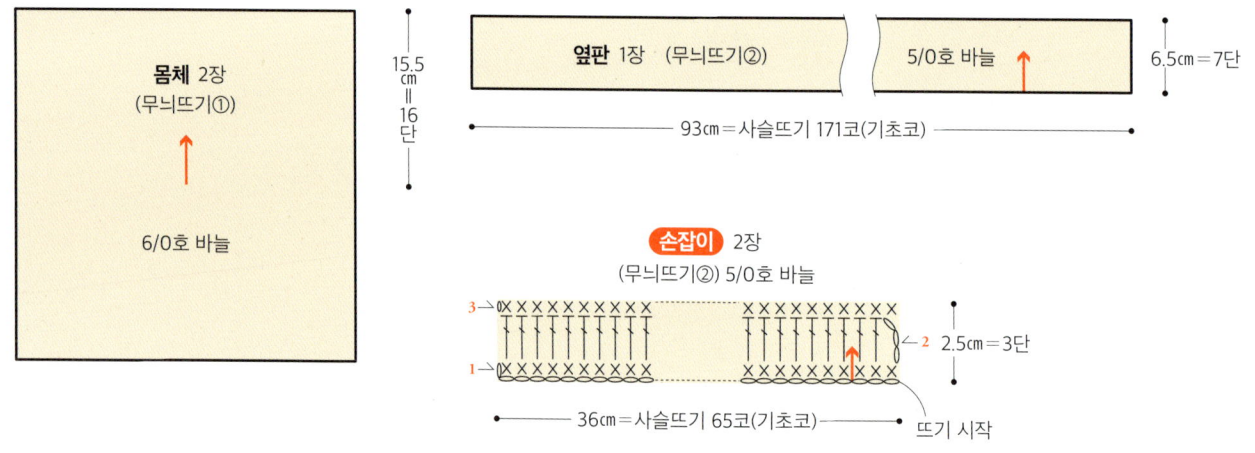

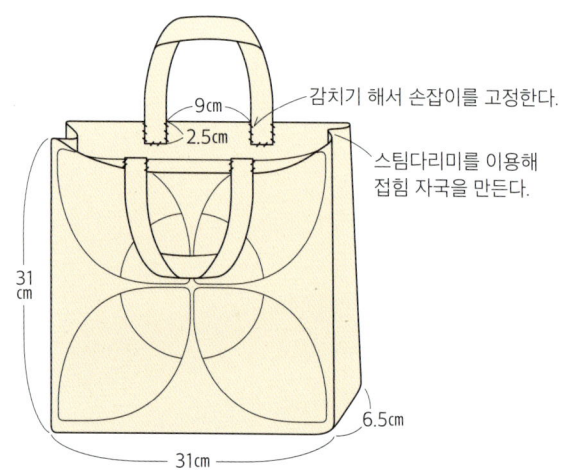

무늬뜨기①

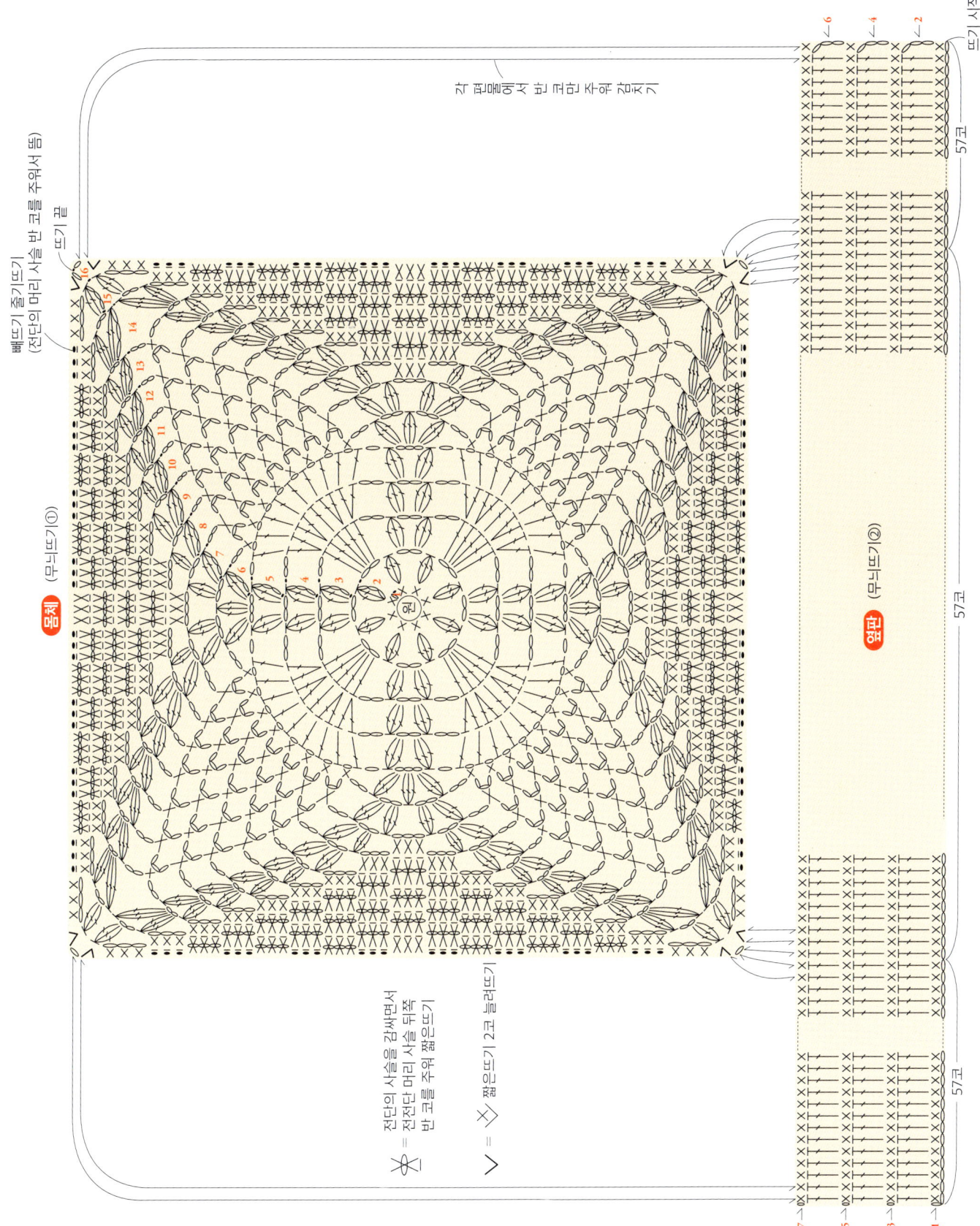

12. 장미 숄더백 photo_P.31

【준비물】

실　하마나카 에코안다리아(1볼은 40g)
　　베이지(23) 140g

바늘　하마나카 아미아미 양쪽 코바늘 라쿠라쿠 5/0호

기타　20cm짜리 지퍼 1개
　　2.1cm D링 2개
　　폭 1cm, 길이 110cm의 개고리가 달린 어깨끈
　　(INAZUMA YAS-1011/베이지) 1개

【게이지】

한길긴뜨기 1단=약 1.5cm
짧은뜨기 18코=10cm, 14단=7.5cm

【완성 치수】

지름 19cm, 깊이 7.5cm

【뜨는 방법】 실 한 가닥으로 뜹니다.

<u>몸체</u>는 매직 링에 짧은뜨기, 긴뜨기, 한길긴뜨기를 도안과 같이 뜨되, 최초의 짧은뜨기는 콧수로 세지 않고, 이 코에 뜬 한길긴뜨기 2코까지를 1단으로 칩니다. 2단부터는 기둥코를 뜨지 않고 그림과 같이 한길긴뜨기 줄기뜨기를 빙글빙글 돌아가며 뜨다가 6단의 끝에서 긴뜨기와 짧은뜨기로 단차를 없앤 다음 첫 번째 코에 빼뜨기 하고 실을 뽑아 끊습니다(2~6단의 시작 부분에 단수 표시 링을 끼워두면 좋습니다). 같은 방법으로 1장을 더 뜹니다.

<u>옆판</u>은 사슬 108코로 기초코를 만들고 짧은뜨기를 뜨되, 7단의 중간에 실을 끊고 지퍼를 달 공간을 비운 다음 다시 실을 연결해 뜹니다.

몸체 1장(앞면)에 꽃잎을 떠서 붙이고, 옆판에 지퍼와 D링을 달아줍니다. 몸체와 옆판을 겉과 겉끼리 맞대고 옆판 쪽에서 2장을 함께 짧은뜨기로 떠서 편물을 잇습니다. 그리고 D링에 어깨끈을 답니다.

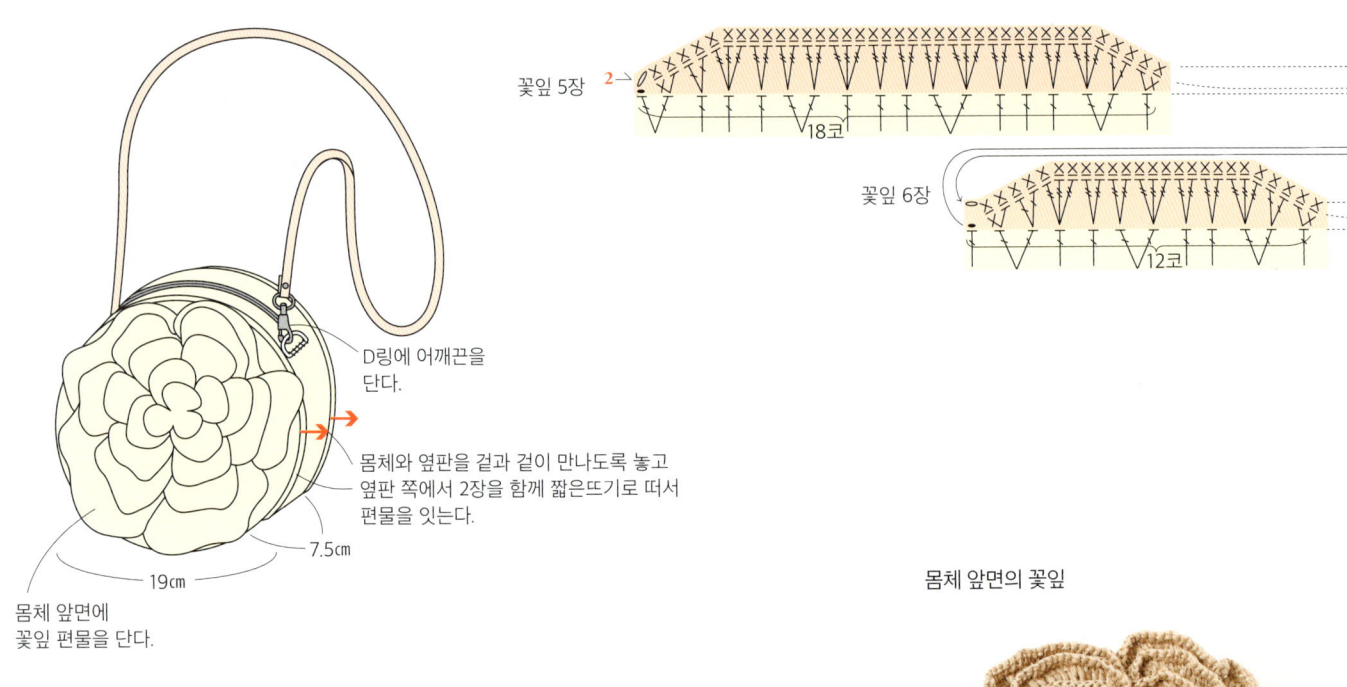

몸체 앞면의 꽃잎

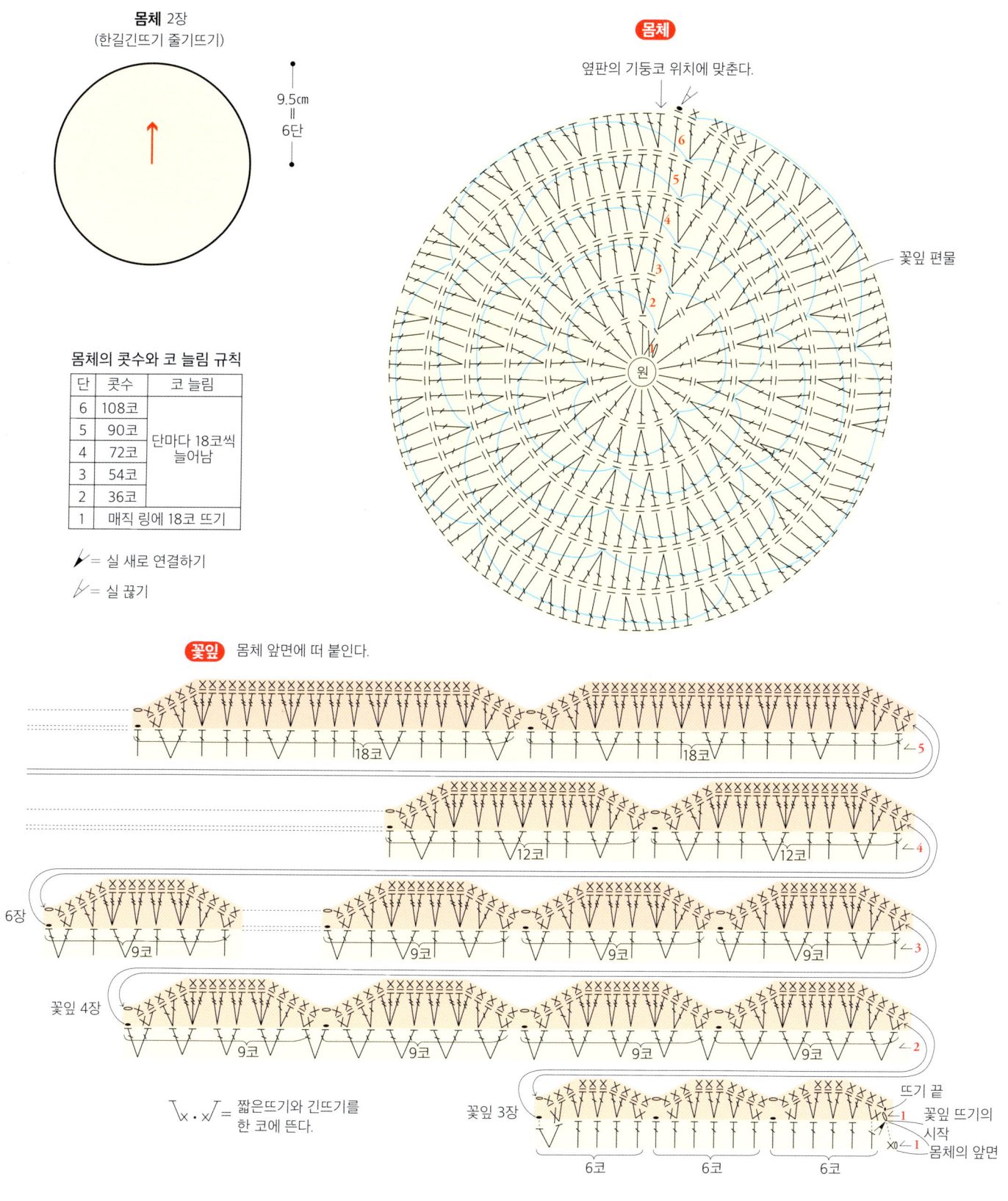

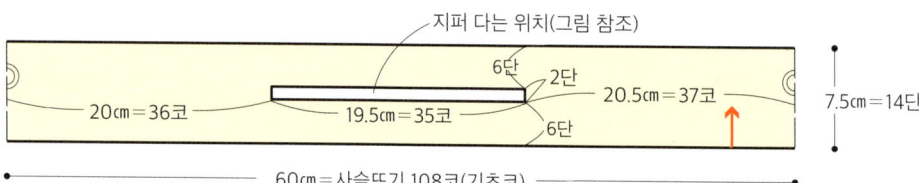

옆판 1장 (짧은뜨기)

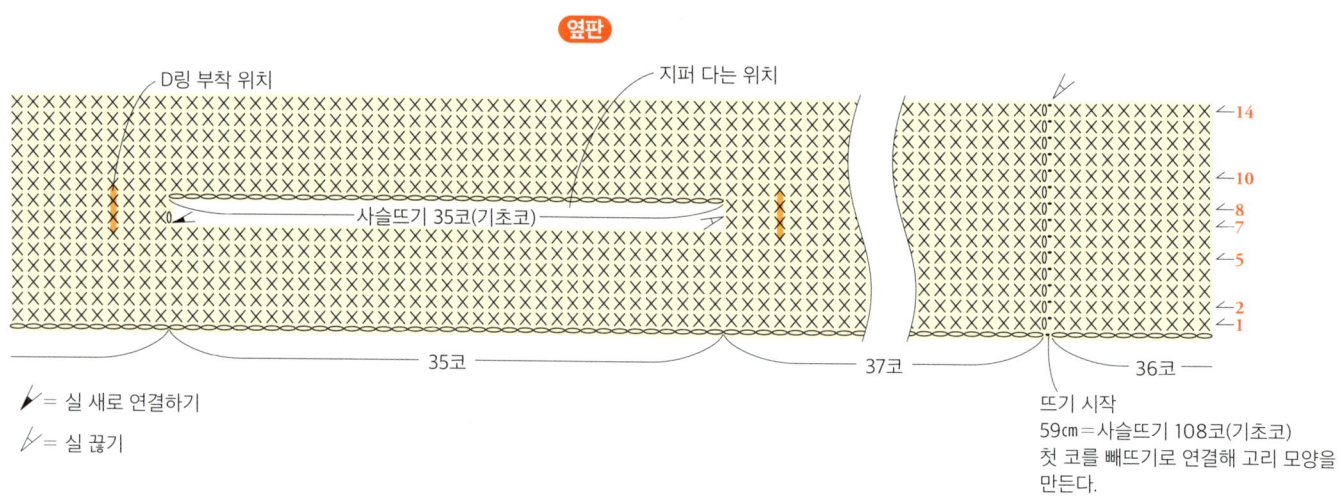

= 실 새로 연결하기
= 실 끊기

뜨기 시작
59㎝ = 사슬뜨기 108코(기초코)
첫 코를 빼뜨기로 연결해 고리 모양을 만든다.

※ 지퍼 다는 방법
옆판 편물의 안쪽에 지퍼를 놓고 손바느질로 박음질하여 단다.

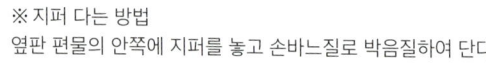
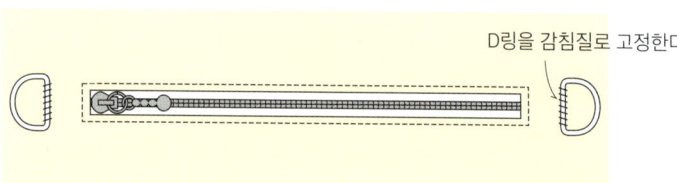

옆판의 지퍼

13. 드로스트링 백과 프릴 토트백 photo_P.33, 34

【준비물】
실　하마나카 에코안다리아(1볼은 40g)
　　A 검정(30) 185g
　　B 핑크 실버(173) 160g
바늘　하마나카 아미아미 양쪽 코바늘 라쿠라쿠 6/0호

【게이지】
무늬뜨기① 16코 17단=10×10cm

【완성 치수】
그림 참조

【뜨는 방법】 실 한 가닥으로 뜹니다.
바닥은 사슬뜨기 20코로 기초코를 만들고 그림과 같이 코를 늘리면서 짧은뜨기로 원형뜨기를 합니다.
계속해서 몸체를 '무늬뜨기①'로, 입구는 '무늬뜨기②'로 뜹니다. 가방 A의 경우 조임 끈과 끈을 조절해주는 끈 조리개를 뜹니다.
어깨끈은 사슬뜨기를 지정된 개수만큼 뜨고 짧은뜨기로 도안과 같이 뜬 다음 지정된 위치에 붙입니다.
가방 A: 끈 조리개는 편물의 양끝을 맞대어 접고 중앙을 박음질하여 만듭니다. 가방 입구에 조임 끈을 끼우고 조임 끈 끝 부분을 조리개 구멍으로 통과시킨 다음 끝에 매듭을 만들어줍니다.
가방 B: 프릴을 지정된 곳에 떠 붙입니다.

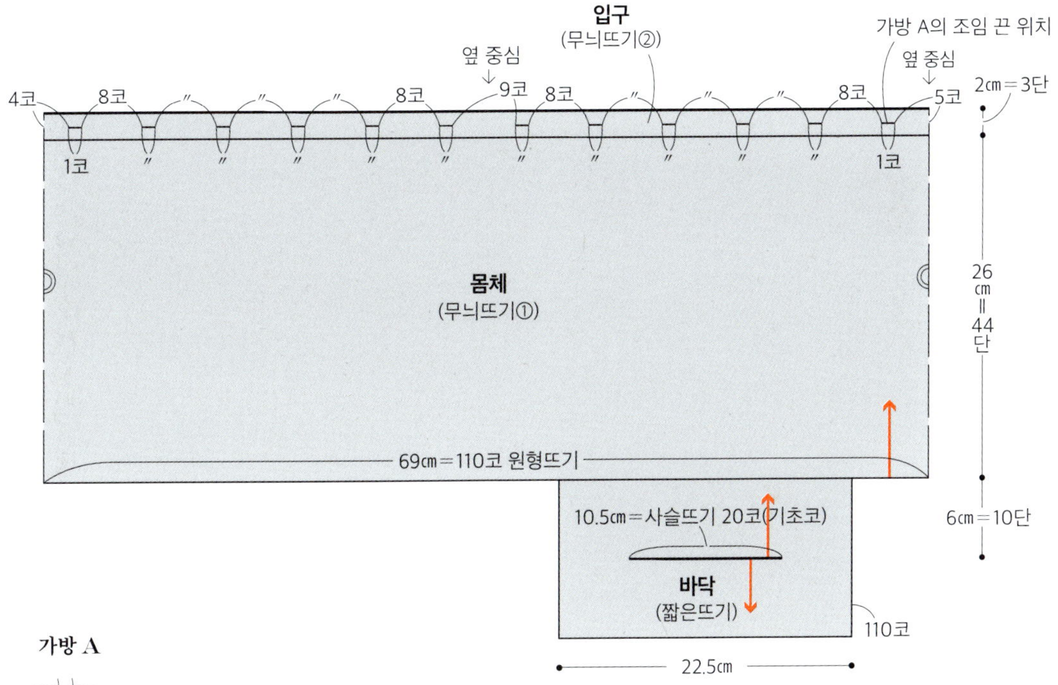

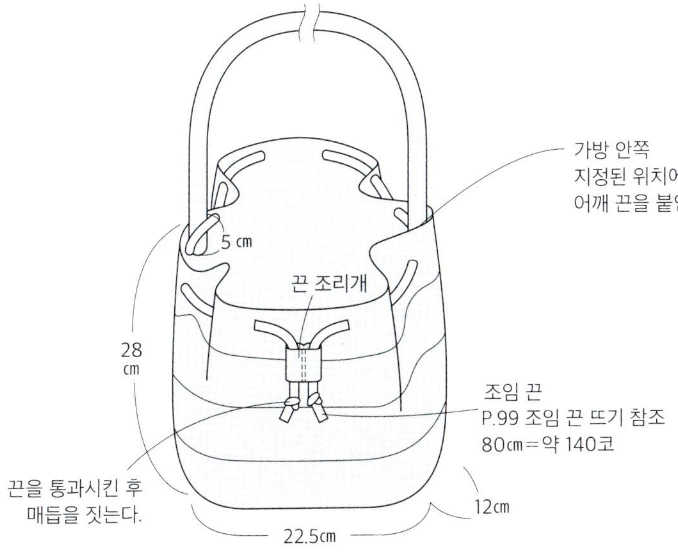

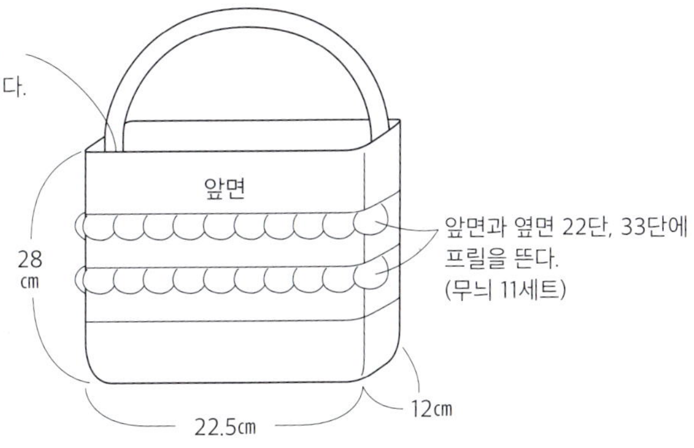

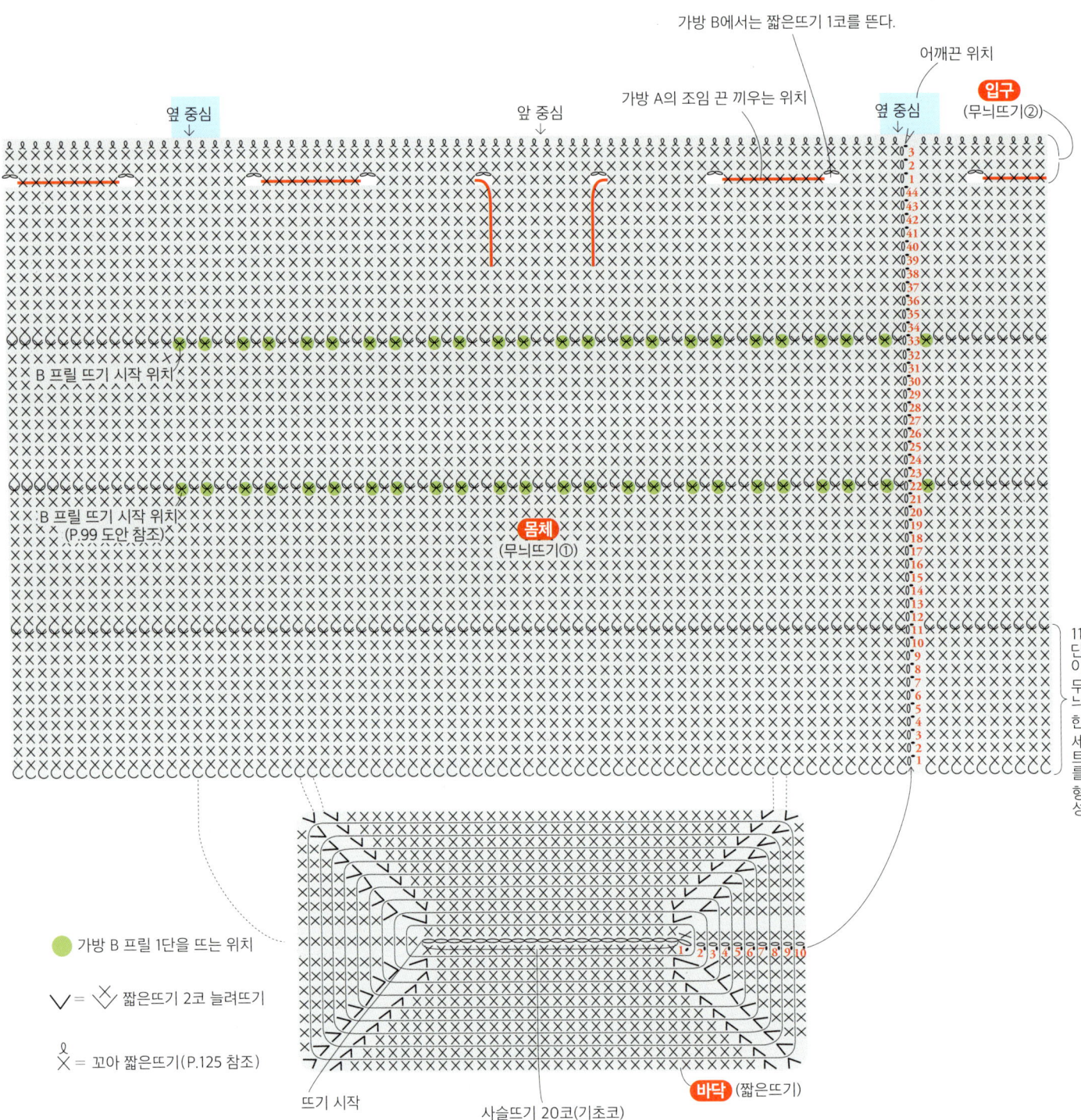

가방A 조임 끈

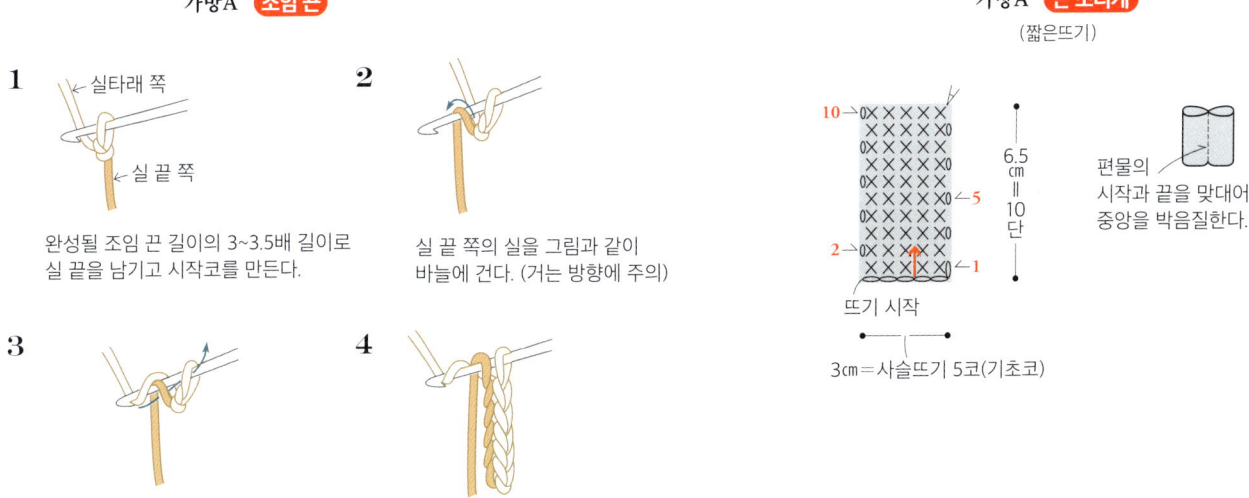

가방A 끈 조리개
(짧은뜨기)

가방 A·B 어깨끈 각 1장
(짧은뜨기)

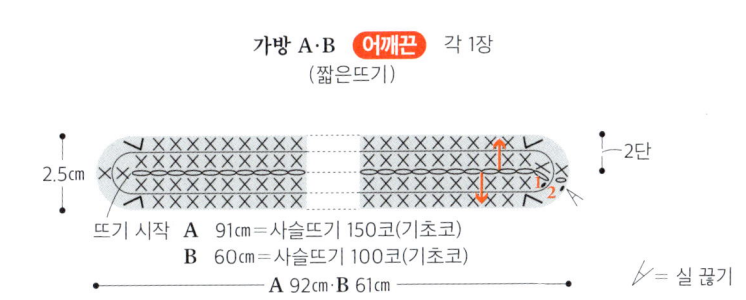

가방B 프릴

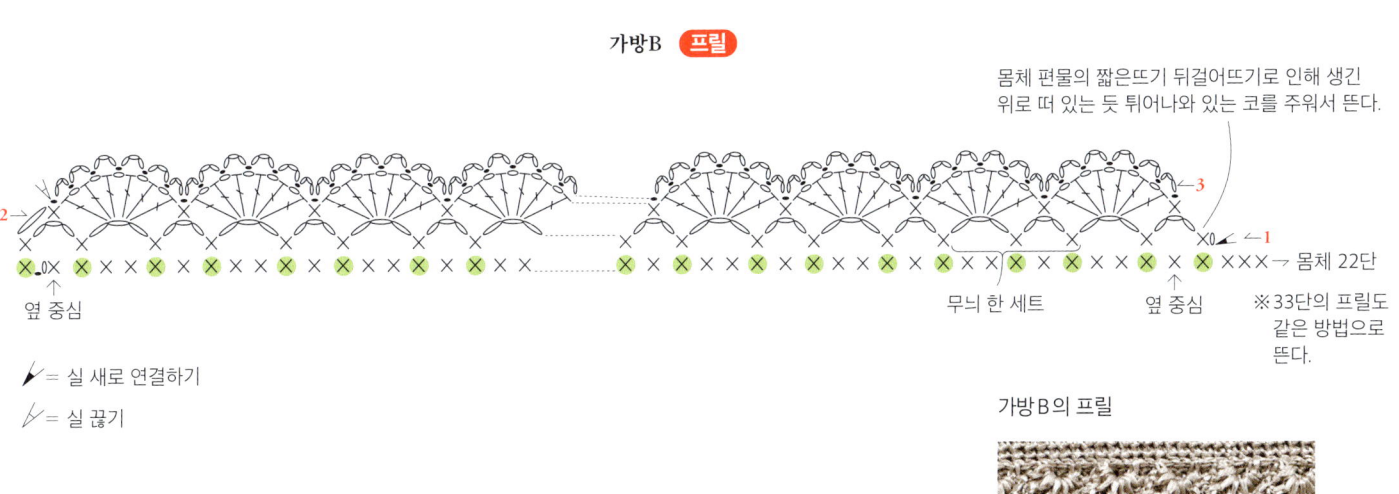

가방B의 프릴

14. 연속무늬 가방 photo_P.36

【준비물】

실　하마나카 에코안다리아(1볼은 40g)
　　그린(17) 170g

바늘　하마나카 아미아미 양쪽 코바늘 라쿠라쿠 6/0호

【게이지】

무늬뜨기 8세트(16코)=10cm, 무늬뜨기 1세트(2단)=2cm

【완성 치수】

그림 참조

【뜨는 방법】 실 한 가닥으로 뜹니다.

바닥은 매직 링에 짧은뜨기 7코를 뜬 다음, 도안과 같이 2단~14단을 뜹니다.
계속해서 몸체를 이어서 뜨는데, 2단과 4단에서는 코가 늘어납니다.
무늬뜨기로 몸체를 완성합니다.
손잡이는 몸체에 이어서 무늬뜨기를 뜨고, 다른 하나의 손잡이는 지정된 위치에 실을 새로 연결해 뜹니다.
양쪽 손잡이 끝을 맞대고 감침질하여 이어준 다음, 다시 손잡이를 통 모양으로 말아서 감침질합니다.
몸체에 생긴 턱 주름을 스팀다리미로 정돈하고, 손잡이를 평평하게 다듬어줍니다.

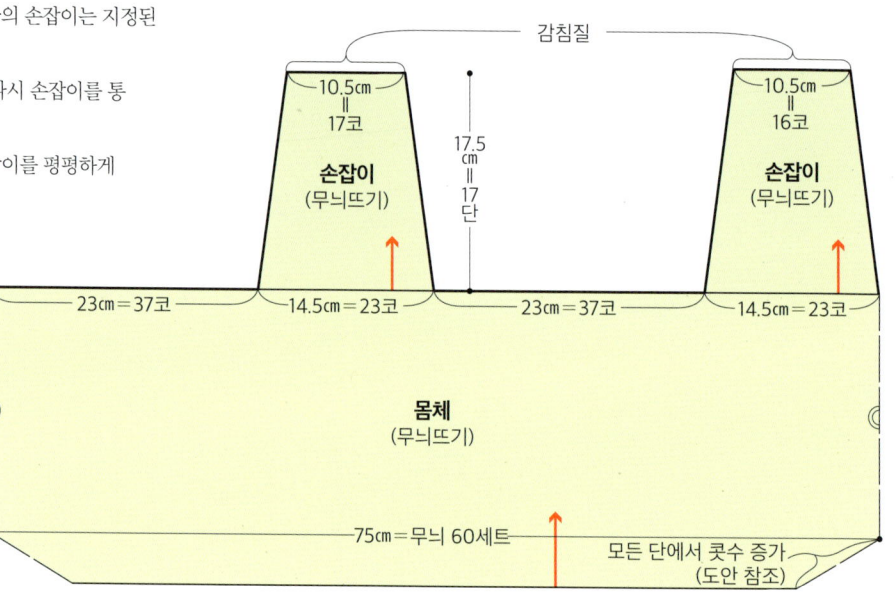

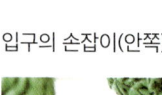

입구의 손잡이(안쪽)

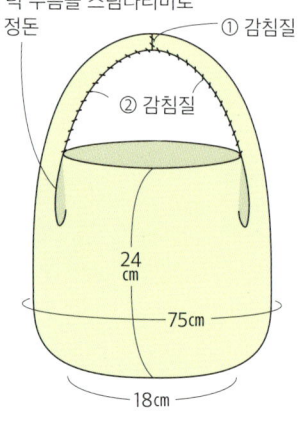

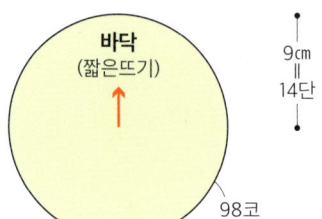

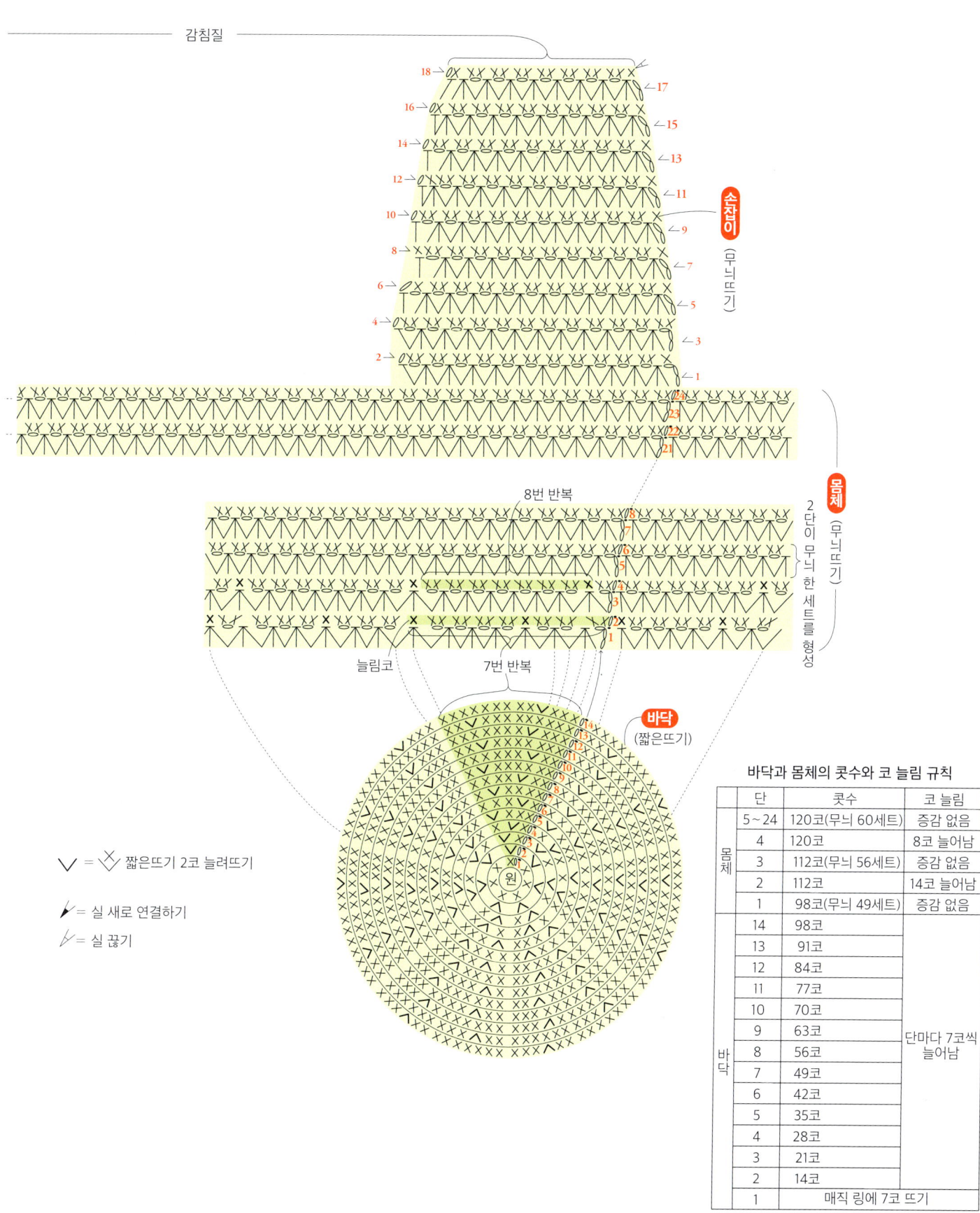

15. 러플 백 photo_P.39, 40

 A

 B

【준비물】

실　하마나카 에코안다리아(1볼은 40g) 240g
　　A 라이트 브라운(15)　**B** 베이지(23)

바늘　하마나카 아미아미 양쪽 코바늘 라쿠라쿠 6/0호, 5/0호

기타　하마나카 테크노로트(H204-593) 470cm
　　열수축 튜브(H204-605) 5cm

【게이지】

짧은뜨기 18코 19단=10×10cm

【완성 치수】

그림 참조

【뜨는 방법】 실 한 가닥으로, 지정된 바늘로 뜹니다.

바닥은 사슬뜨기 6코를 기초코로 만든 후, 기둥코를 세우지 않고 짧은뜨기로 빙글 빙글 돌아가며 뜹니다.

계속해서 몸체를 뜨되, 6단과 12단에서는 콧수를 늘립니다.

바늘을 바꿔 프릴을 뜹니다. 도안대로 콧수를 늘리면서 짧은뜨기 줄기뜨기와 무늬뜨기로 뜨되 1~5단은 테크노로트를 감싸서 뜹니다.

손잡이는 5/0호 바늘로 뜹니다. 사슬뜨기 80코를 기초코로 만든 후 짧은뜨기로 원형뜨기를 뜨고, 마지막 단과 기초코를 빼뜨기로 연결하여 원통형으로 만듭니다. 손잡이를 총 2개 뜬 다음 몸체의 안쪽에 꿰매 붙입니다.

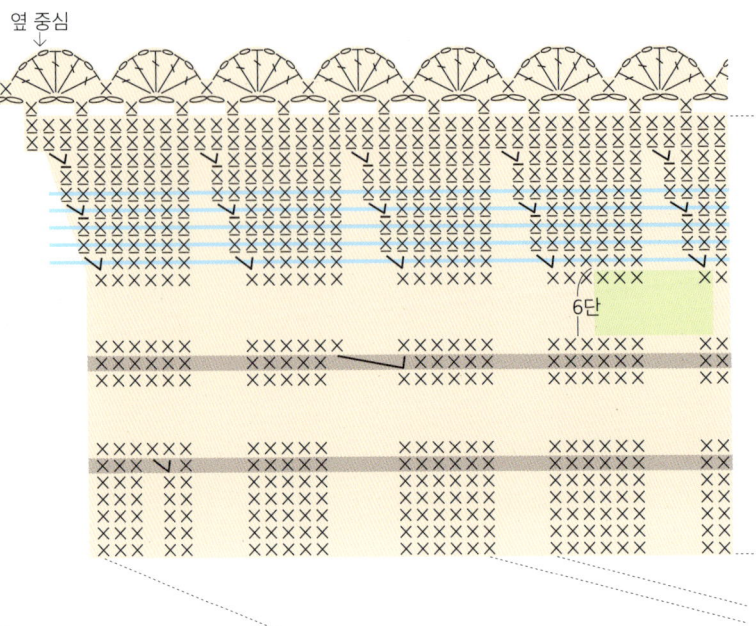

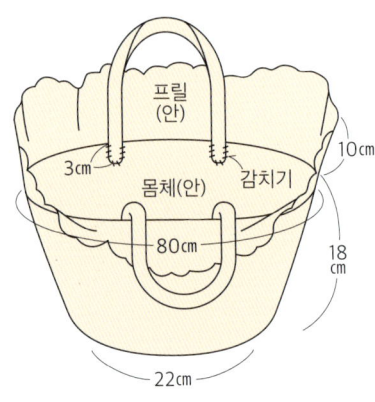

프릴

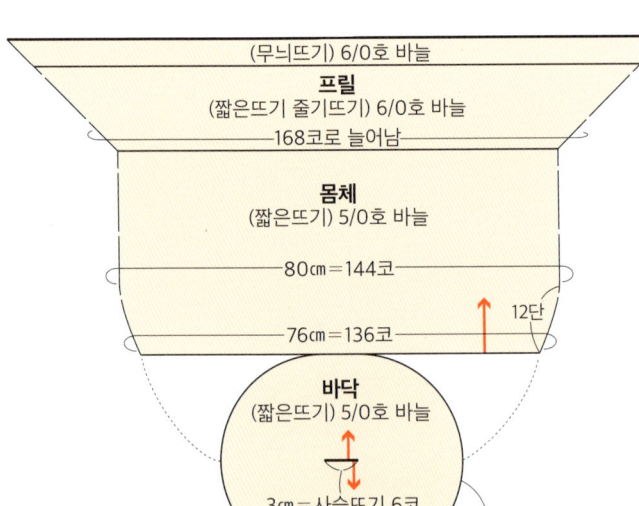

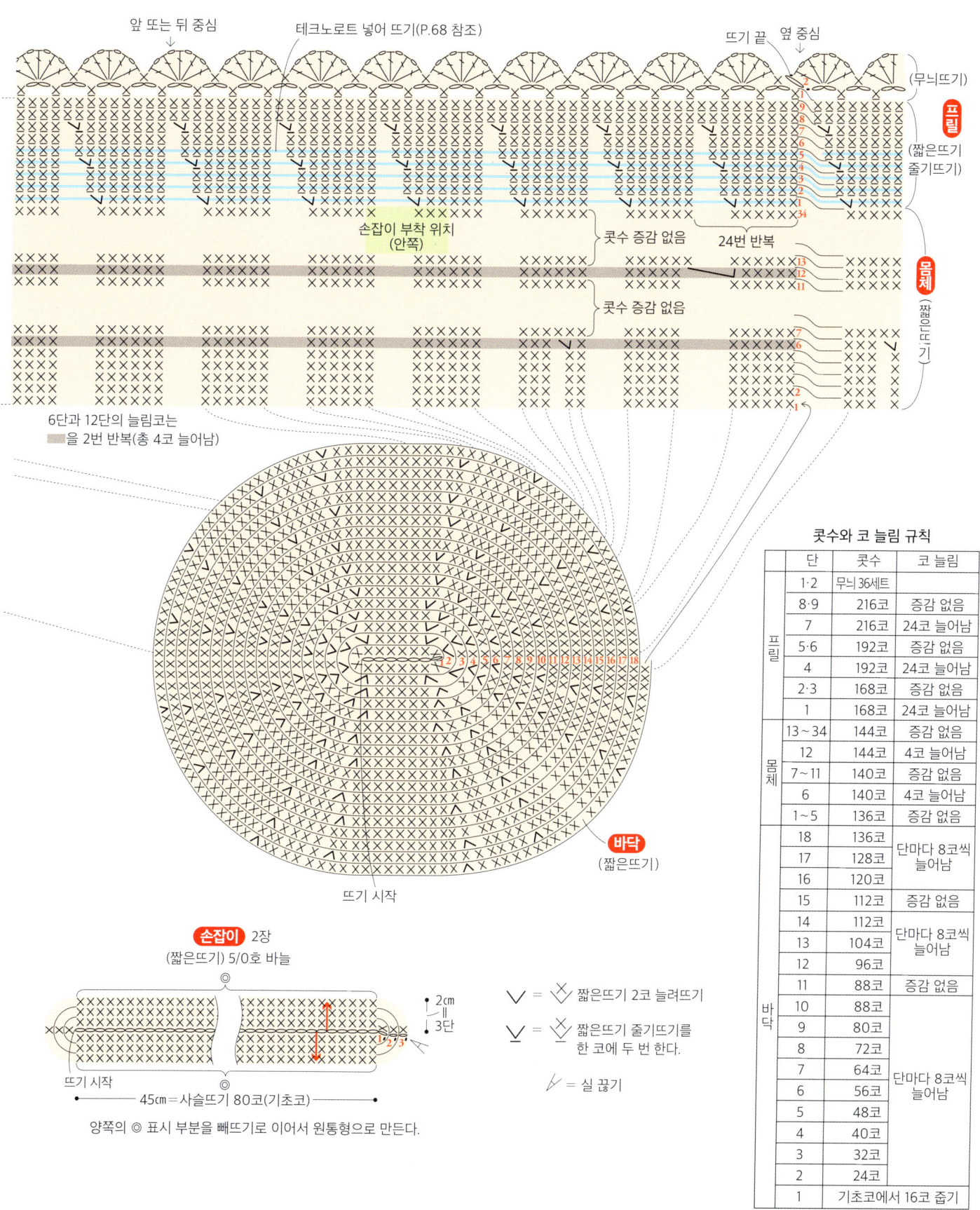

16. 구멍 송송 빅 토트백 photo_P.43

【준비물】

실　하마나카 에코안다리아(1볼은 40g)
　　라임 옐로(19) 190g
바늘　하마나카 아미아미 양쪽 코바늘 라쿠라쿠 6/0호
기타　하마나카 사각 가죽 바닥 15×30cm 베이지(H204-617-1) 1장

【게이지】

무늬뜨기 3세트(9코)=5.5cm, 2세트(12단)=9.5cm

【완성 치수】

그림 참조

【뜨는 방법】 실 한 가닥으로 뜹니다.

가죽 바닥의 86개 구멍에 짧은뜨기를 146코 뜨고 몸체를 떠 나갑니다. 2단에서는 4코를 늘리고, 3단부터는 증감 없이 무늬뜨기를 40단까지 뜬 다음, 빼뜨기를 1단 뜹니다.

손잡이는 사슬뜨기 100코로 기초코를 만들고 짧은뜨기를 뜹니다. 같은 방법으로 손잡이를 하나 더 뜬 후 몸체의 지정된 위치에 달아줍니다.

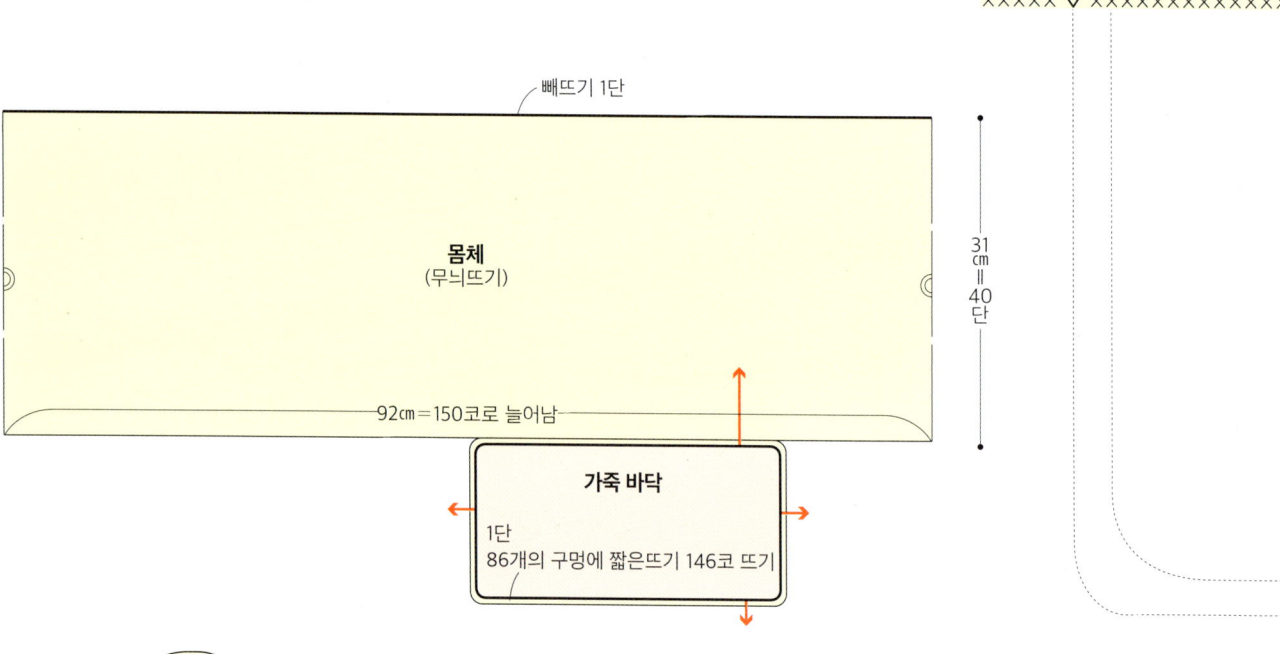

갈라진 손잡이 끝을 밖에서 안으로 넣은 다음 접어 올려서 남겨둔 끝 실 여분으로 단단하게 감친다.

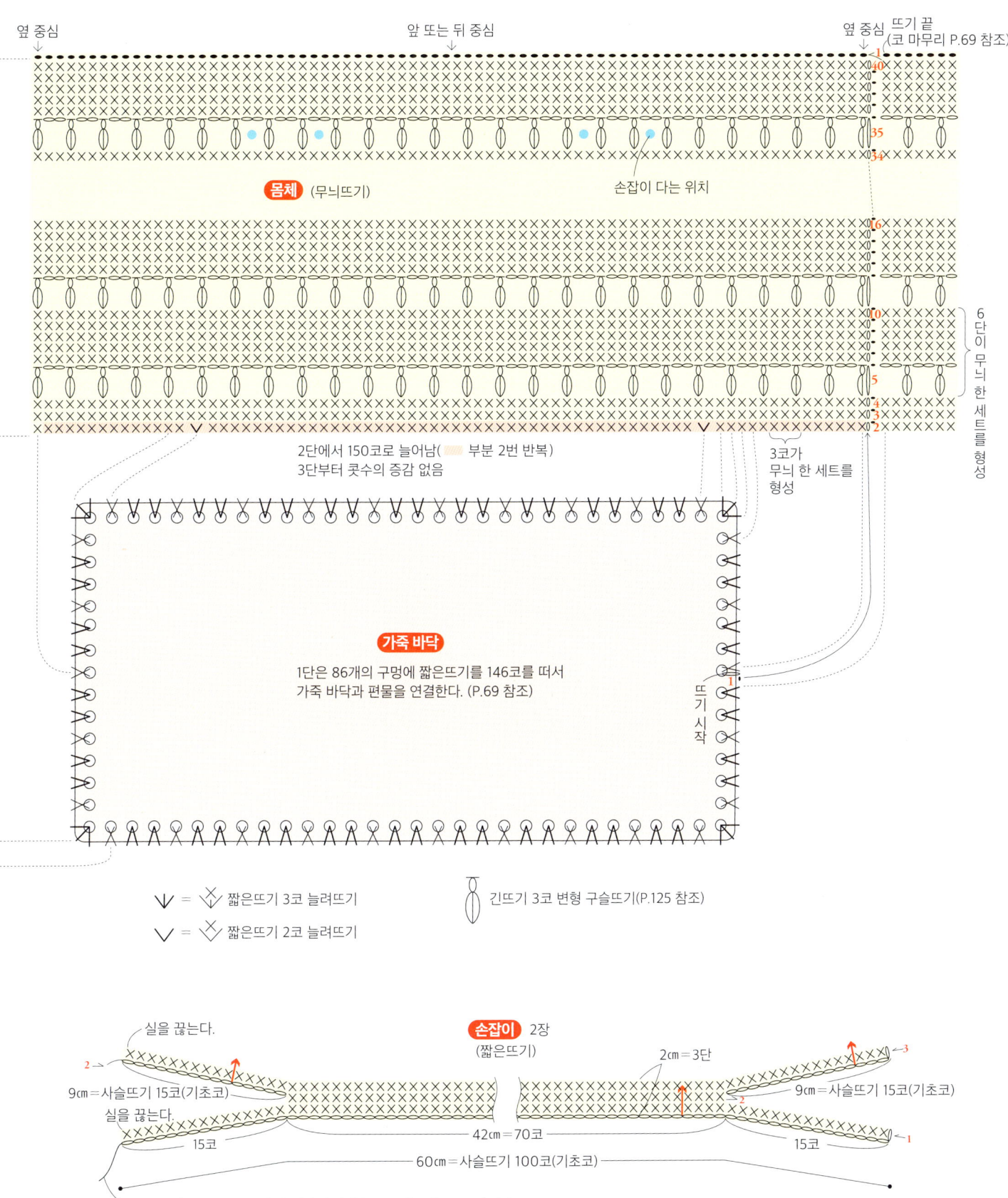

17. 리본 달린 클로슈 photo_P.45

【준비물】
실　　하마나카 에코안다리아(1볼은 40g)
　　　그레이(148) 85g
바늘　하마나카 아미아미 양쪽 코바늘 라쿠라쿠 5/0호
기타　폭 1.4cm의 네이비블루 그로그랭 리본 130cm

【게이지】
짧은뜨기 17코 18단=10×10cm

【완성 치수】
머리둘레 56cm

【뜨는 방법】 실 한 가닥으로 뜹니다.
크라운은 매직 링에 짧은뜨기를 6코를 떠서 시작하고, 2단부터 도안과 같이 콧수를 늘리면서 계속 떠 나갑니다.
계속해서 브림을 뜨되, 3단을 뜨고 나면 실을 쉬어두고, 4단의 지정된 위치에 실을 새로 연결해 짧은뜨기 합니다. 쉬어두었던 곳을 계속 떠서 5~7단을 뜨고, 같은 방법으로 실을 쉬어둔 채 8단의 지정된 위치에 실을 연결하고 뜨개질한 후, 쉬어둔 실을 다시 뜨면서 9단과 10단을 뜹니다. 리본을 감아서 묶어줍니다.

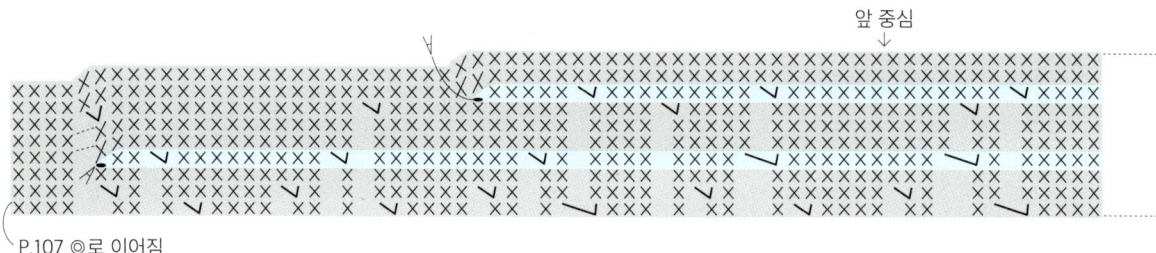

P.107 ◎로 이어짐

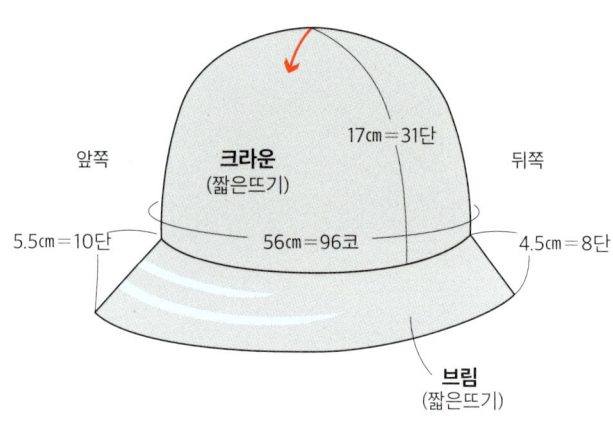

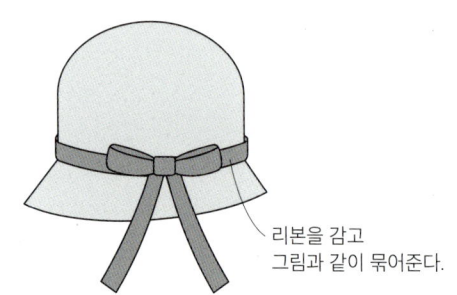

리본을 감고 그림과 같이 묶어준다.

콧수와 코 늘림 규칙

	단	콧수	코 늘림
브림	10	140코	증감 없음
	9	140코	(도안 참조)
	8	50코	(도안 참조)*
	7	136코	8코 늘어남
	6	128코	증감 없음
	5	128코	(도안 참조)
	4	88코	(도안 참조)*
	3	120코	증감 없음
	2	120코	단마다 12코씩 늘어남
	1	108코	
크라운	31~21	96코	증감 없음
	20	96코	6코 늘어남
	19~15	90코	증감 없음
	14	90코	
	13	84코	
	12	78코	
	11	72코	
	10	66코	
	9	60코	단마다 6코씩 늘어남
	8	54코	
	7	48코	
	6	42코	
	5	36코	
	4	30코	
	3	24코	
	2	18코	12코 늘어남
	1	매직 링에 6코 뜨기	

* 표시 단은 빼뜨기도 콧수로 센다.

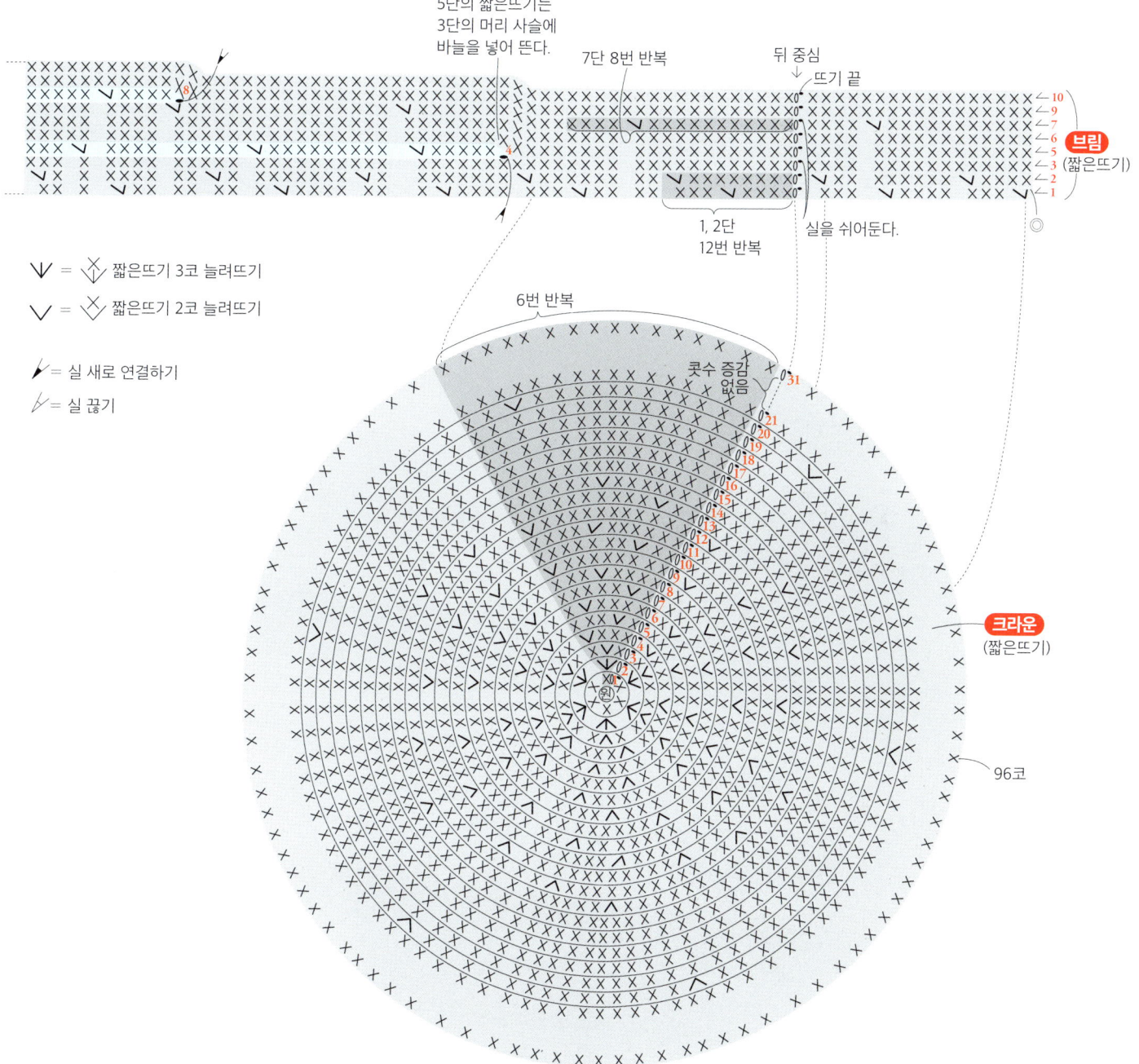

18. 꽃무늬 패턴 네트백 photo_P.46

【준비물】
실　하마나카 에코안다리아(1볼은 40g)
　　빨강(37) 90g
바늘　하마나카 아미아미 양쪽 코바늘 라쿠라쿠 5/0호

【게이지】
무늬뜨기 1세트=4cm, 1세트(2단)=3.3cm

【완성 치수】
너비 24cm, 높이 27cm

【뜨는 방법】 실 한 가닥으로 뜹니다.

<u>본체</u>는 사슬뜨기 49코로 기초코를 만들고, 무늬 12세트를 뜹니다. 무늬 개수의 증감 없이 16단까지 뜬 다음 계속해서 테두리를 2단 뜹니다.

<u>손잡이</u>는 사슬뜨기로만 떠서 총 6개(줄)를 뜨고, 3개(줄)를 한 묶음으로 손잡이 위치에 통과시켜서 고리 모양을 만든 후 중앙 부분을 짧은뜨기로 감싸줍니다. 반대쪽 손잡이도 같은 방법으로 몸체와 연결합니다.

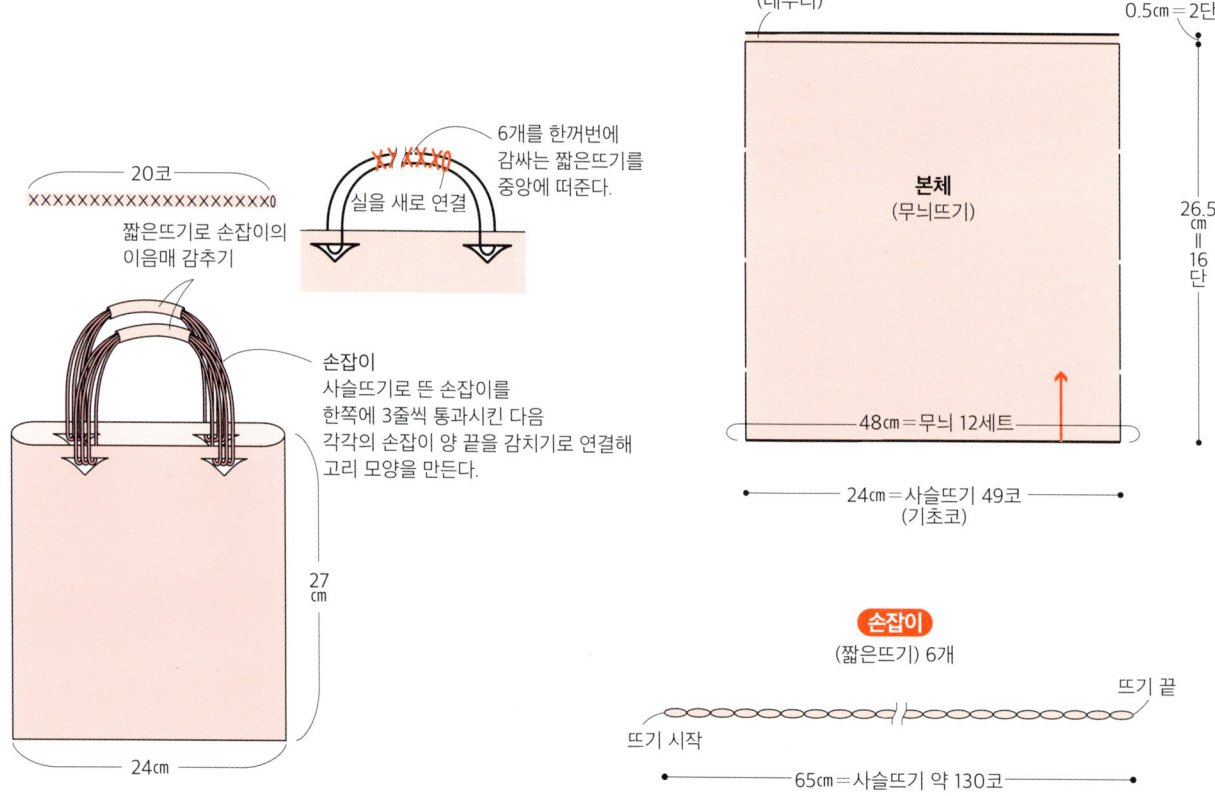

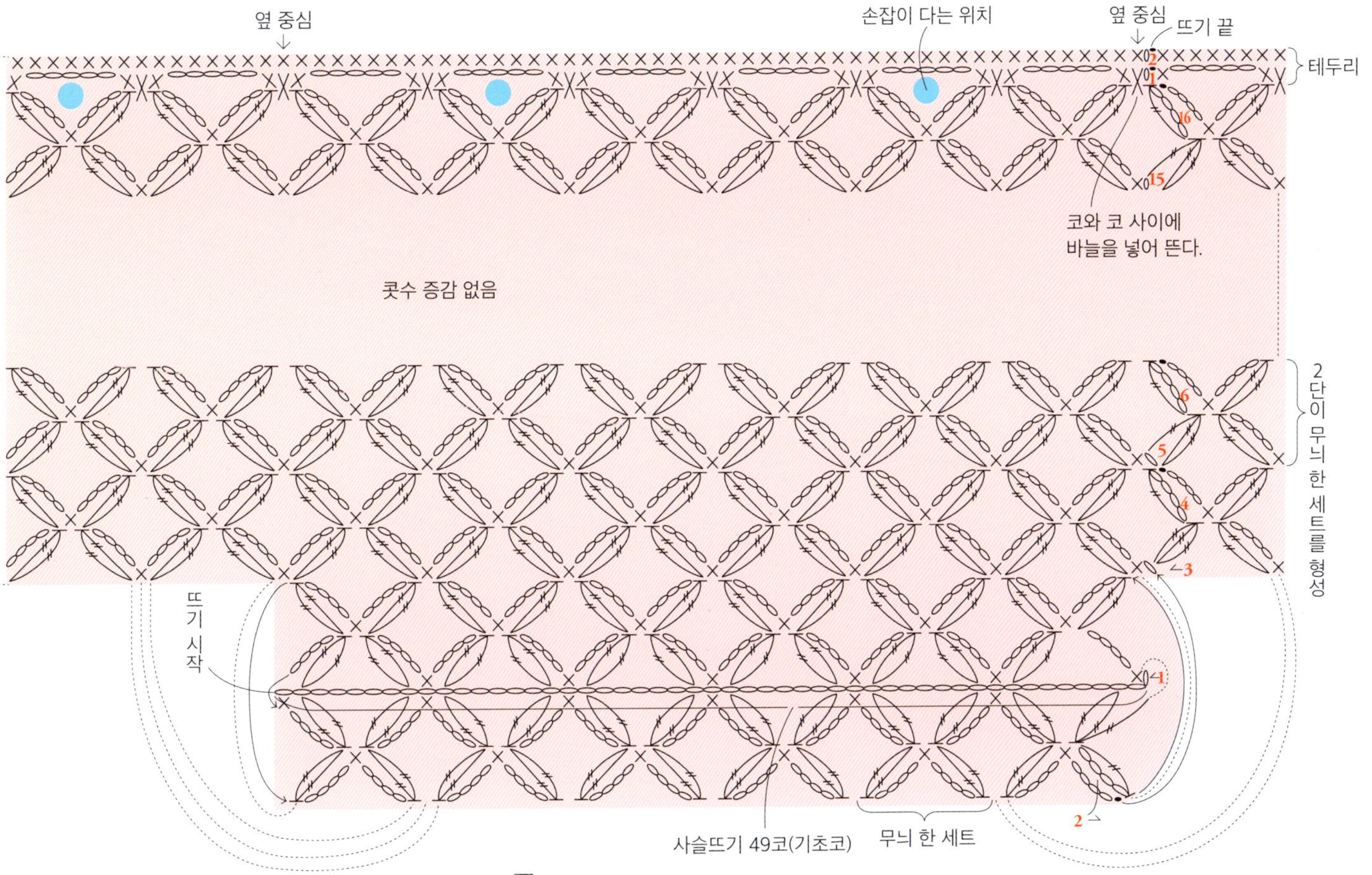

옆 중심 → 손잡이 다는 위치 → 옆 중심 → 뜨기 끝

테두리

코와 코 사이에 바늘을 넣어 뜬다.

콧수 증감 없음

2단이 무늬 한 세트를 형성

뜨기 시작

사슬뜨기 49코(기초코)   무늬 한 세트

◯ = 두길긴뜨기 2코 구슬뜨기   ※ 2~16단의 짧은뜨기는 전단의 코와 코 사이에 바늘을 넣어 뜬다.

무늬뜨기의 뜨개질 포인트

※이해를 돕기 위해 편물과 다른 색 실을 사용하여 떴습니다.

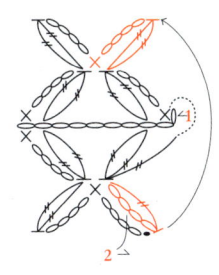

1 기초코

2단. 사슬뜨기 4개로 기둥코를 세우고 1단의 두길긴뜨기 구슬뜨기 코 머리 사슬에 바늘을 넣어 두길긴뜨기를 뜬다.

2

1을 뜬 모습. 이전의 코로 돌아가는 듯한 느낌이 들어서 뜨개질하기가 다소 어려울 수 있다.

3 기초코

기초코를 아래로 두고 편물의 겉이 보이도록 반으로 접는다. 1단의 구슬뜨기 머리 사슬에 바늘을 넣어 두길긴뜨기 2코 구슬뜨기를 한다.

4

사슬뜨기 4코를 뜨고, 1단의 구슬뜨기와 구슬뜨기의 사이에 바늘을 넣어 짧은뜨기를 뜬다.

5

4까지 완성한 모습

6

이후에도 같은 방식으로 진행한다.

19. 원 핸들 백 photo_P.49

【준비물】
실　하마나카 에코안다리아(1볼은 40g) 110g
　　　A 머스타드(139)　B 레트로 블루(66)
바늘　하마나카 아미아미 양쪽 코바늘 라쿠라쿠 6/0호

【게이지】
짧은뜨기 15코 16단=10×10cm
긴뜨기 교차뜨기 15코 10단=10×10cm

【완성 치수】
그림 참조

【뜨는 방법】 실 한 가닥으로 뜹니다.
바닥은 매직 링에 짧은뜨기를 7코 뜬 다음 2단부터 도안과 같이 콧수를 늘리면서 짧은뜨기를 합니다.
계속해서 몸체를 떠 나갑니다. 짧은뜨기로 도안과 같이 3단에서 콧수를 늘리고, 긴뜨기 교차뜨기를 콧수의 증감 없이 11단 뜹니다.
계속해서 입구를 짧은뜨기로 뜨고, 마지막 단은 빼뜨기합니다.
손잡이는 사슬뜨기 48코로 기초코를 만들고 무늬뜨기를 한 다음 지정된 위치에 고정합니다.

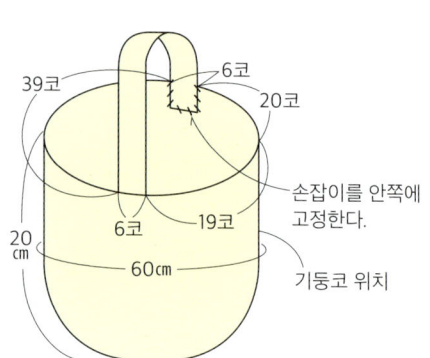

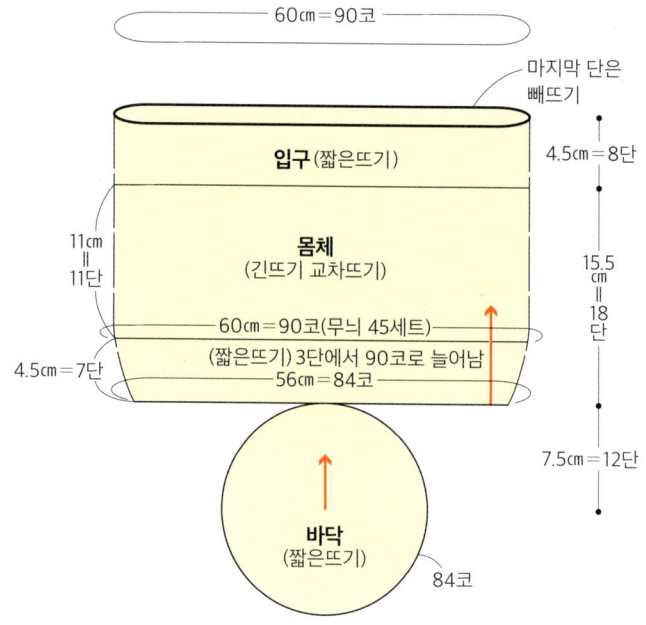

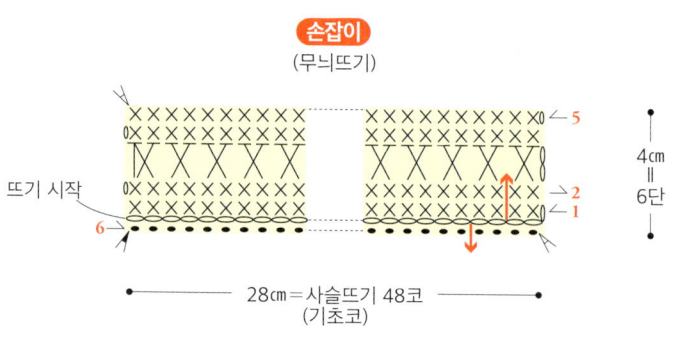

= 긴뜨기 2코 교차뜨기와 긴뜨기

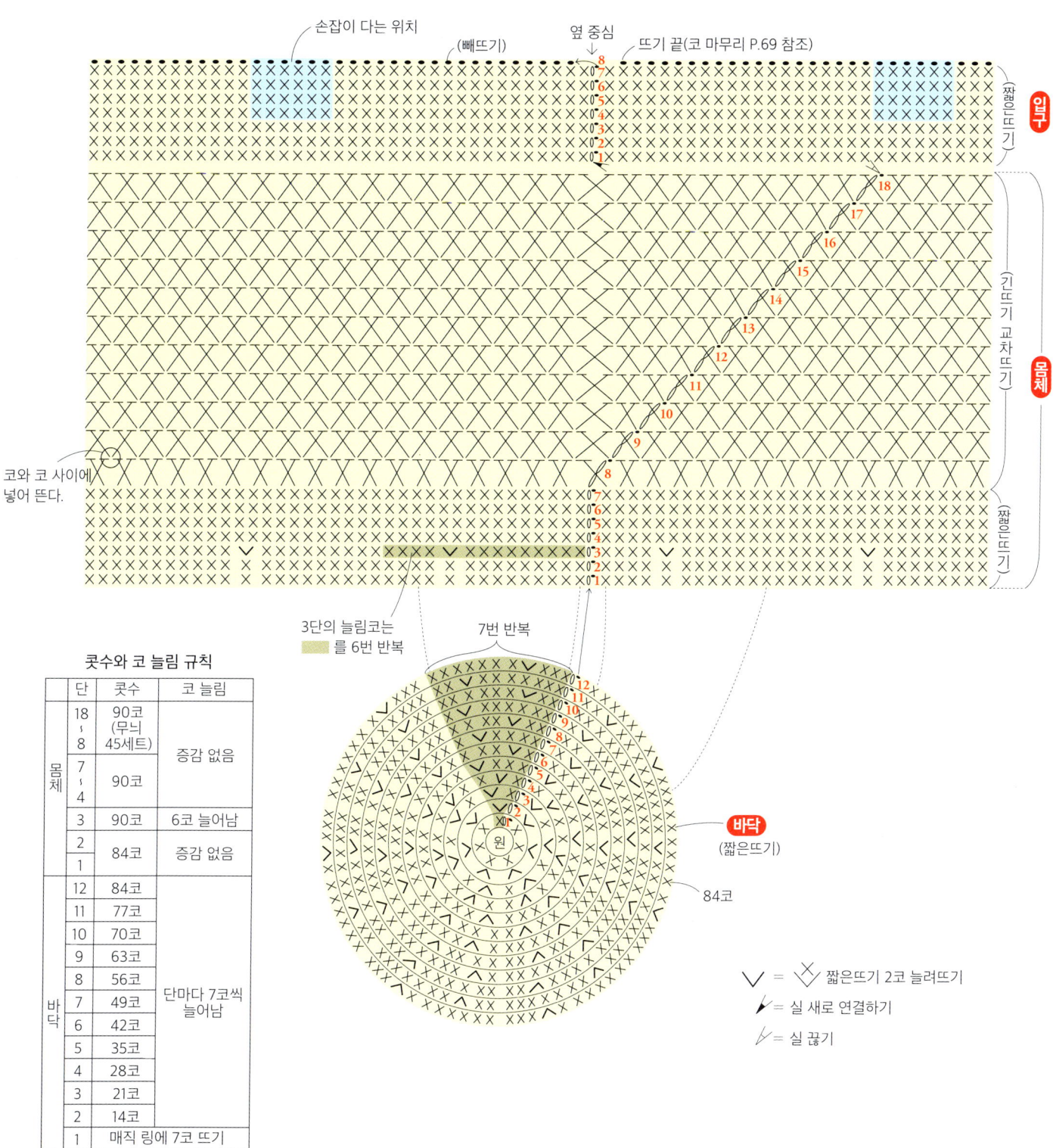

20. 백 리본 햇 photo_P.50

【준비물】
실　　하마나카 에코안다리아(1볼은 40g)
　　　베이지(23) 110g
바늘　하마나카 아미아미 양쪽 코바늘 라쿠라쿠 5/0호
기타　폭 4cm의 진한 갈색 그로그랭 리본 93cm

【게이지】
짧은뜨기 17코 17단=10×10cm

【완성 치수】
머리둘레 56cm, 높이 10cm

【뜨는 방법】실 한 가닥으로 뜹니다.
톱 크라운은 매직 링에 짧은뜨기를 8코 뜨면서 시작해서 2단부터는 기둥코를 뜨지 않고 도안과 같이 콧수를 늘리면서 빙글빙글 돌아가며 뜨개질 합니다.
계속해서 사이드 크라운과 브림을 뜹니다. 브림은 뒤쪽 중앙 부분이 포개지도록 코를 줄고, 짧은뜨기를 왕복뜨기로 뜹니다.
브림의 테두리를 짧은뜨기로 1단 뜹니다.
리본을 그림과 같이 감고 고정시킵니다.

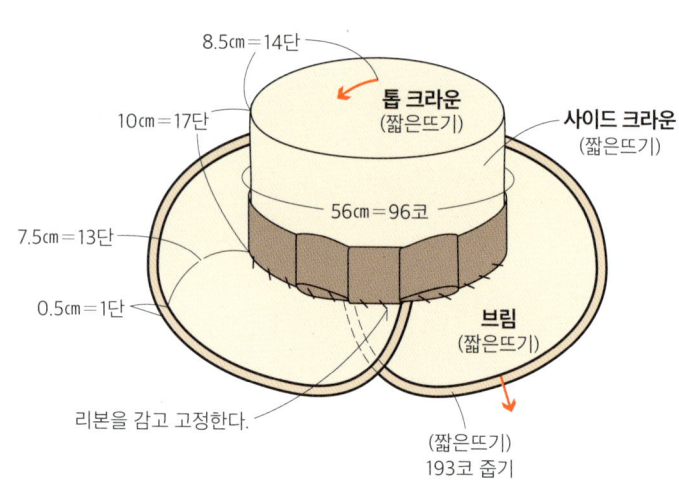

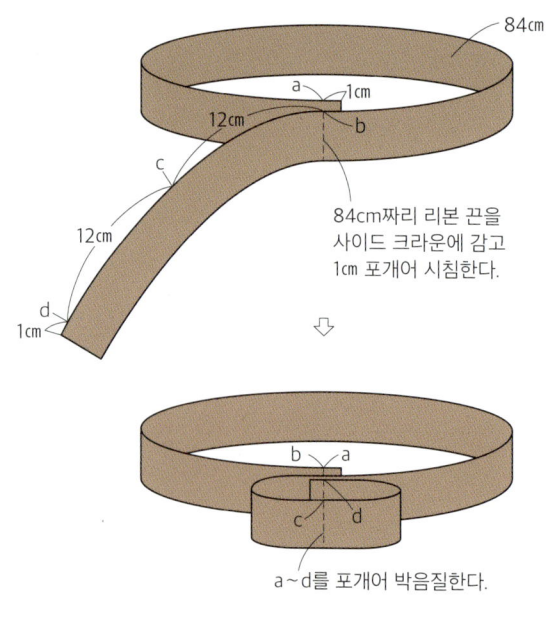

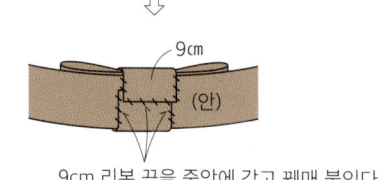

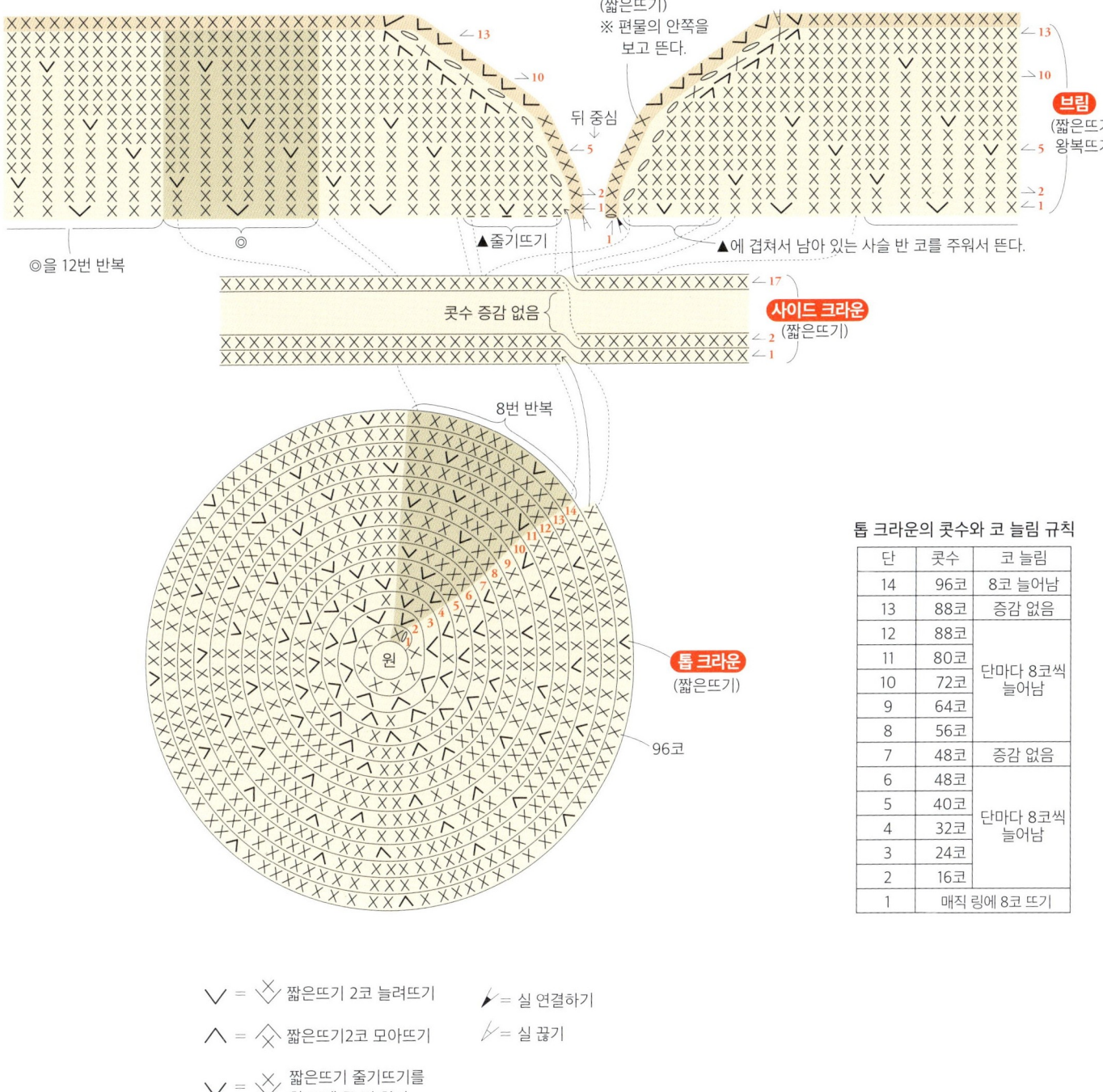

21. 마르쉐 백 photo_P.53, 54

 A  B

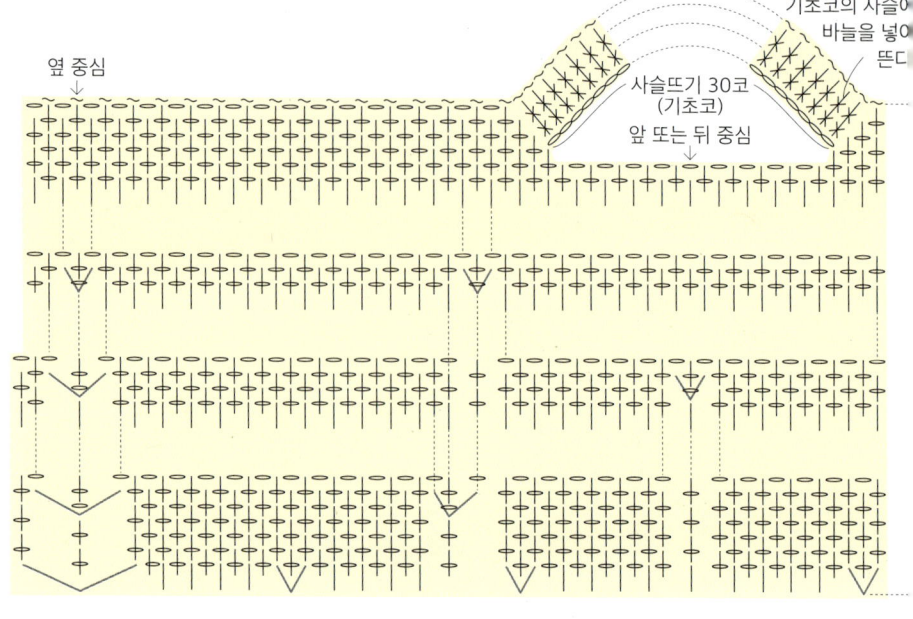

【준비물】
실　A　하마나카 에코안다리아(1볼은 40g)
　　　　골드(170) 240g
　　B　하마나카 에코안다리아(1볼은 40g)
　　　　오프화이트(168) 240g
　　　　하마나카 플랙스 C《라메》(1볼은 25g)
　　　　오프화이트 라메(501) 170g *라메는 펄을 말함
바늘　하마나카 아미아미 양쪽 코바늘 라쿠라쿠 7/0호

【게이지】
무늬뜨기 19코 24단=10×10cm

【완성 치수】
그림 참조

【뜨는 방법】가방 A는 실 한 가닥으로, 가방 B는
에코안다리아와 플랙스 실을 합사(P.66 참조)하여 뜹니다.
바닥은 매직 링에 짧은뜨기를 8코 뜬 다음, 2단부터 무늬뜨기를
하면서 몸체까지 이어지도록 81단까지 뜹니다. 계속해서
입구를 뜨면서 도안과 같이 손잡이를 떠줍니다.
가방 입구의 마지막 단은 되돌아 짧은뜨기와 사슬뜨기로 뜨며,
손잡이의 2, 3단은 짧은뜨기로 뜨고, 4단은 2, 3단을 감싸듯이
되돌아 짧은뜨기를 뜹니다.

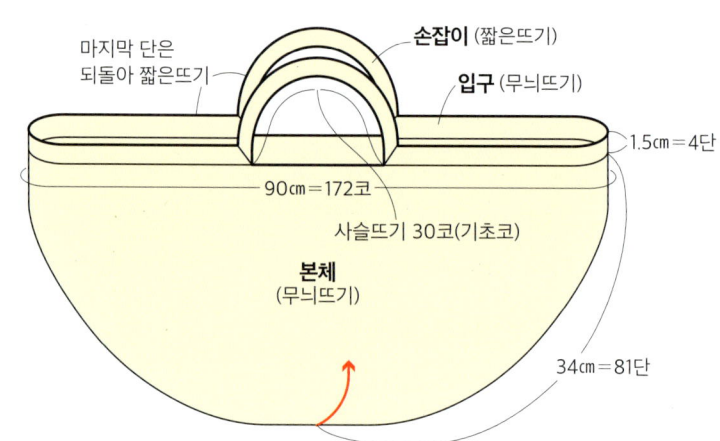

무늬뜨기 시작하는 방법

※이해를 돕기 위해 편물과 다른 색 실을 사용하여 떴습니다.

3단. 사슬뜨기로 기둥코를 뜨고, 1단의 짧은뜨기 머리 사슬에 바늘을 넣는다.

실을 길게 당겨 빼고 짧은뜨기를 완성한다.

1코를 뜬 상태

사슬뜨기 1코를 뜨고 1과 같은 위치에 바늘을 넣는다.

완성. 사슬뜨기를 1코 뜨고 다음 코의 전전단 머리 사슬에 바늘을 넣어 짧은뜨기 1개(▽)를 한다.

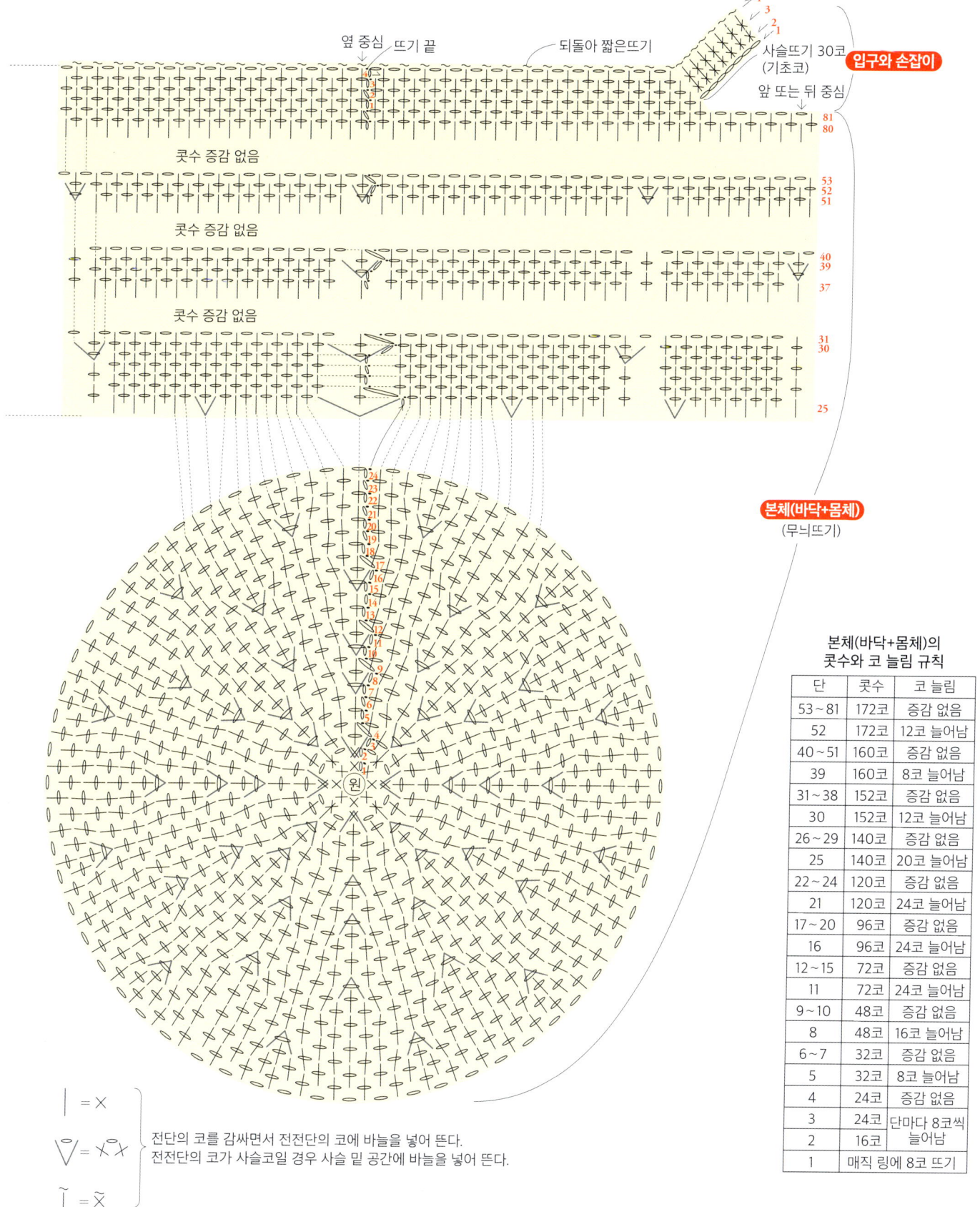

22. 보자기 가방 photo_P.57, 58

【준비물】

실　　하마나카 에코안다리아(1볼은 40g)
　　　A 옐로(11) 80g, 흰색(1) 60g
　　　B 레트로 그린(68) 80g, 흰색(1) 60g
　　　C 그레이(148) 80g, 흰색(1) 60g

바늘　하마나카 아미아미 양쪽 코바늘 라쿠라쿠 6/0호

【게이지】

이랑뜨기 줄무늬 17코 19단=10×10cm

【완성 치수】

그림 참조

【뜨는 방법】 실 한 가닥으로, 지정된 색상을 뜹니다.

본체는 사슬뜨기 120코로 기초코를 만들고, 콧수의 증감 없이 왕복뜨기로 짧은뜨기 이랑뜨기를 뜹니다.

손잡이는 사슬뜨기 37코를 기초코로 뜬 다음 짧은뜨기를 도안과 같이 뜨고, 중간 부분의 편물 양끝을 맞대어 감치기로 이어줍니다.

마무리 방법(①~③)을 참조하여 편물을 접고, 접혀서 맞닿은 부분을 감치기하여 이어줍니다. 본체를 뒤집고 짧은뜨기로 테두리 1단을 뜹니다. 손잡이를 꿰매 고정시킵니다.

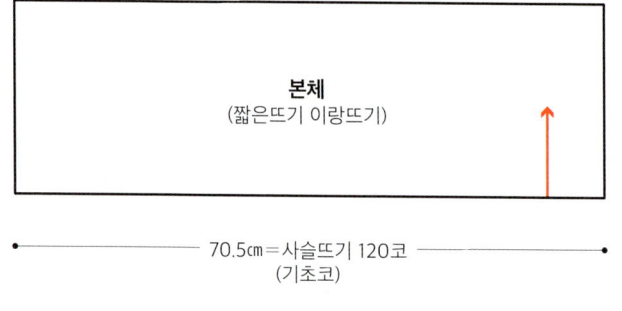

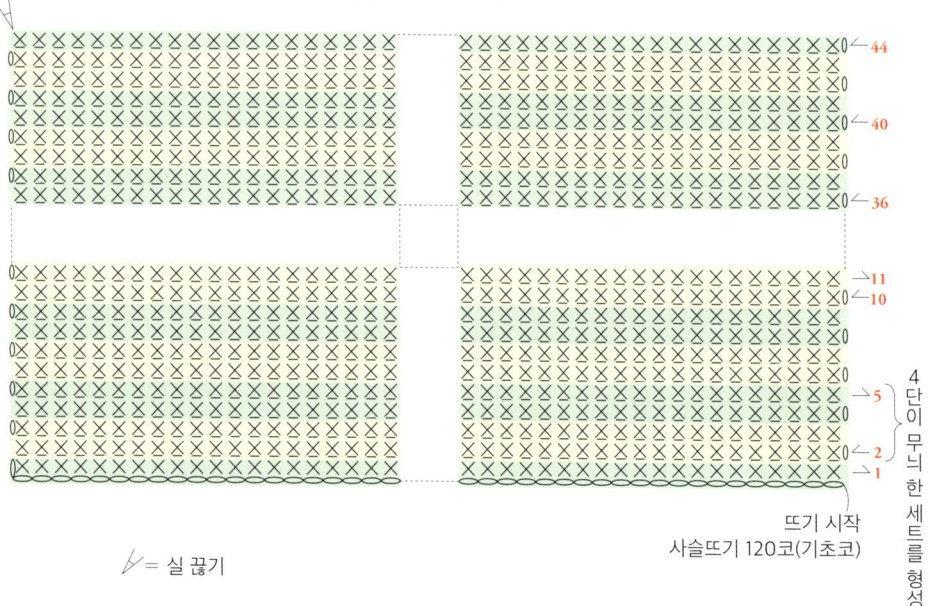

배색	A	B	C
a색 (흰색)	흰색	흰색	흰색
b색	옐로	레트로 그린	그레이

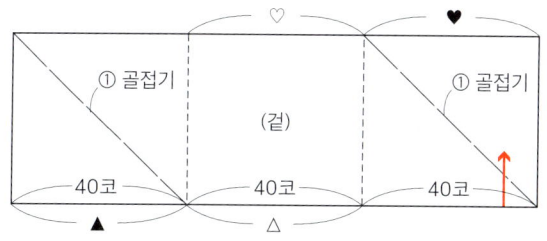

마무리 방법

① 골접기를 한다.

② 골접기를 한다.

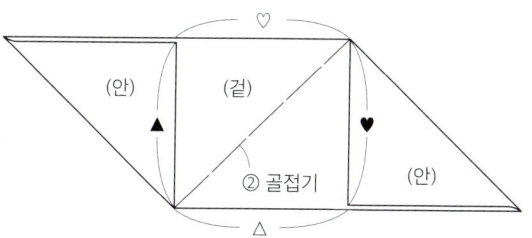

③

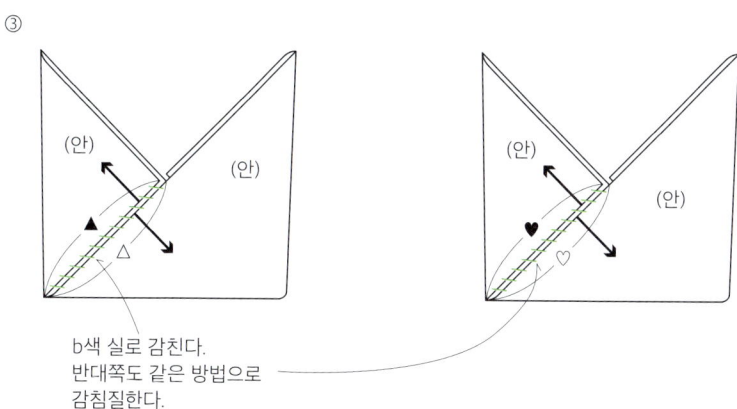

b색 실로 감친다.
반대쪽도 같은 방법으로
감침질한다.

④

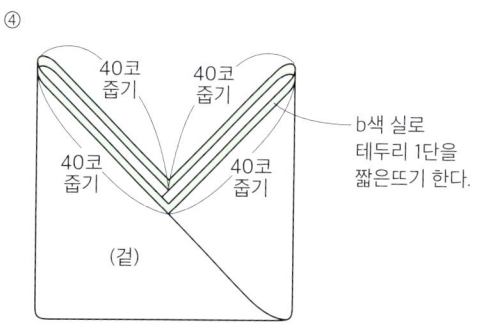

b색 실로
테두리 1단을
짧은뜨기 한다.

⑤

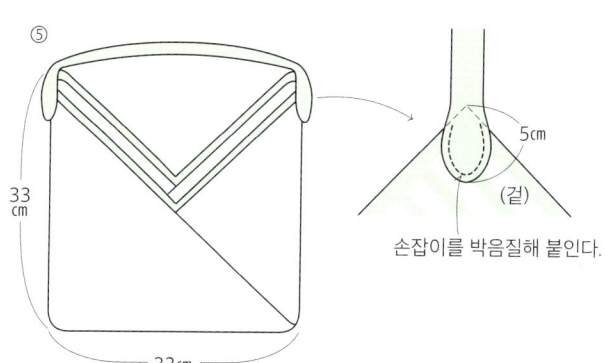

손잡이를 박음질해 붙인다.

23. 물림쇠가 달린 작은 파우치 (가마구치백) photo_P.61

【준비물】
실　하마나카 에코안다리아(1볼은 40g)
　　　다크 그레이(151) 150g
바늘　하마나카 아미아미 양쪽 코바늘 라쿠라쿠 5/0호
기타　하마나카 똑딱 프레임 24cm(H207-020-4/앤티크)
　　　1개
　　　안지름 1.3cm의 개고리 2개

【게이지】
한길긴뜨기 무늬뜨기 18코 7단=10×10cm

【완성 치수】
그림 참조

【뜨는 방법】실 한 가닥으로 뜹니다.
바닥은 사슬뜨기 42코로 기초코를 만들고 도안과 같이 한길긴뜨기를 2단 뜹니다. 계속해서 무늬뜨기를 하면서 몸체까지 떠 나갑니다. 똑딱 프레임을 감싸면서 테두리를 뜹니다.
손잡이는 사슬뜨기 90코로 기초코를 만들고 짧은뜨기와 빼뜨기로 편물을 뜬 다음, 편물 양쪽 끝을 개고리에 통과시킨 후 접어서 감침질합니다. 똑딱 프레임 링에 개고리를 걸어줍니다.

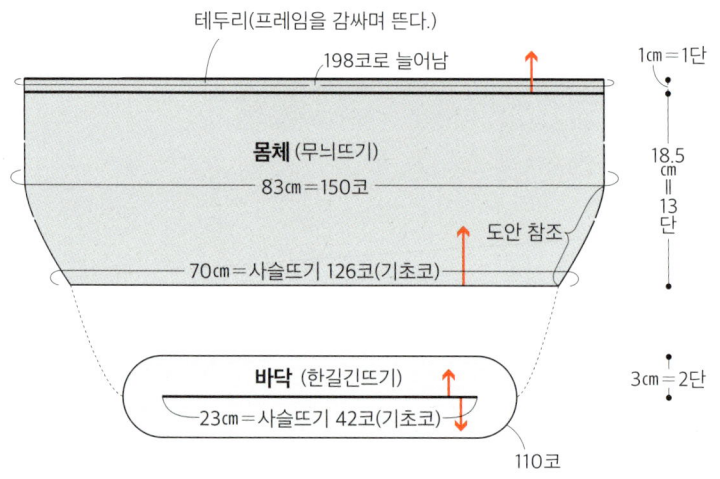

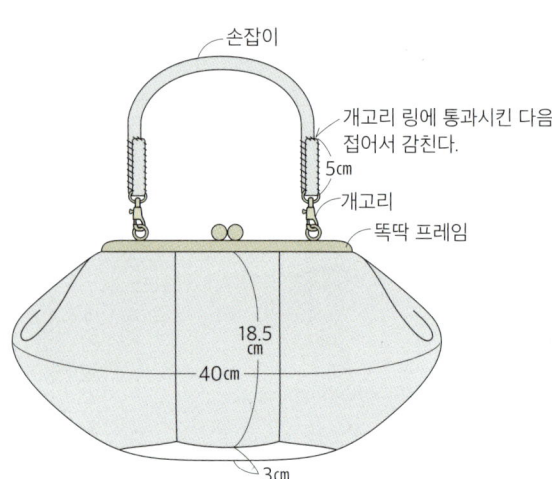

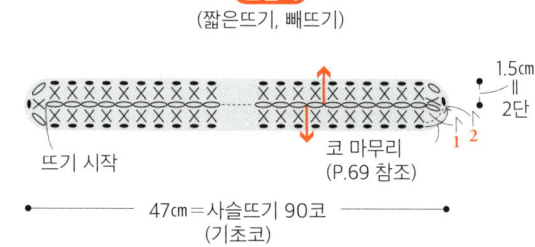

무늬뜨기

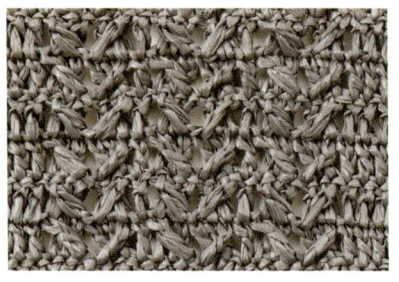

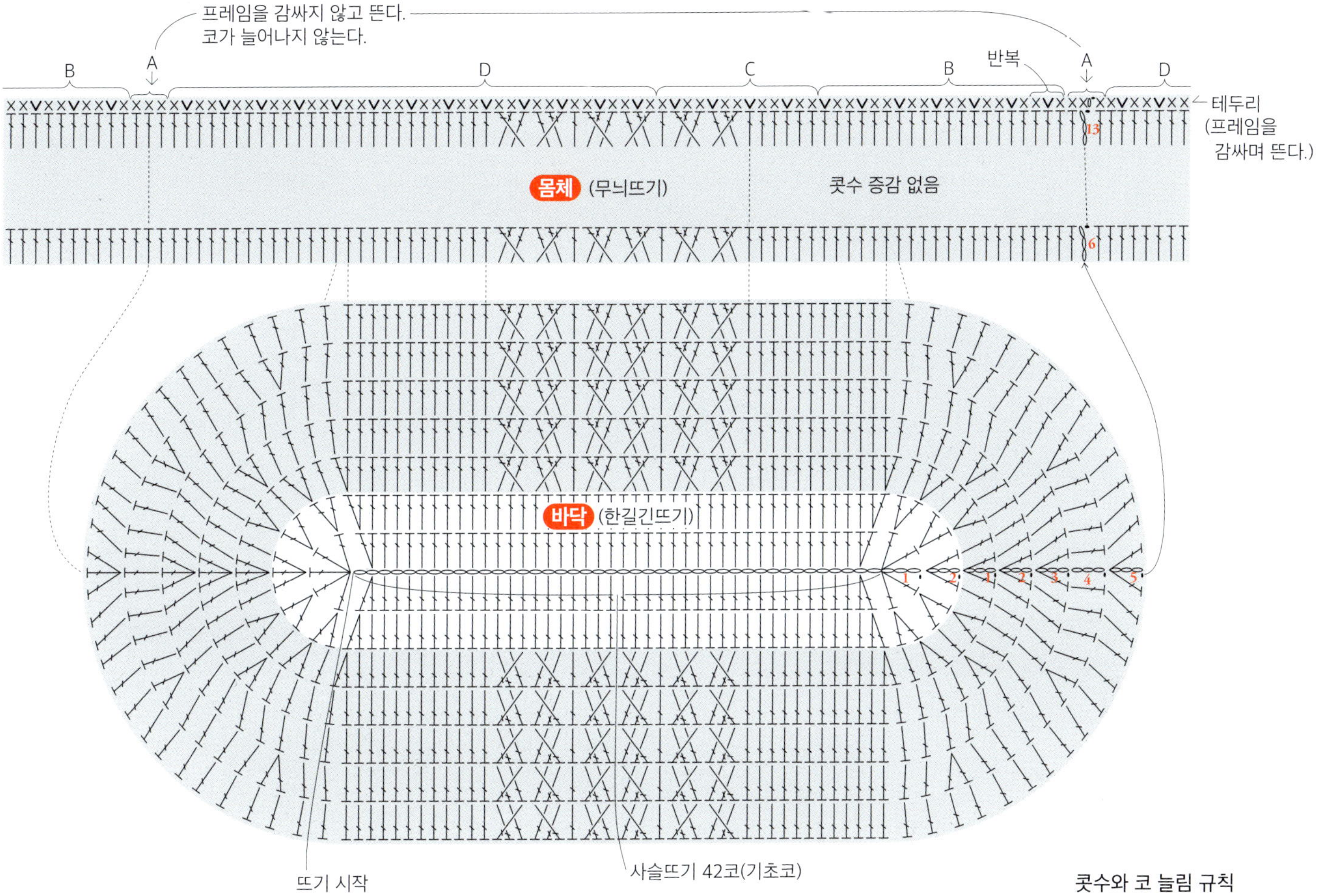

프레임을 감싸지 않고 뜬다.
코가 늘어나지 않는다.
B
A
D
C
B
반복
A
D
테두리
(프레임을 감싸며 뜬다.)
13
몸체 (무늬뜨기)
콧수 증감 없음
6
바닥 (한길긴뜨기)
1
2
1
2
3
4
5
뜨기 시작
사슬뜨기 42코(기초코)

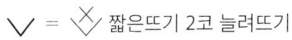

 = 짧은뜨기 2코 늘려뜨기

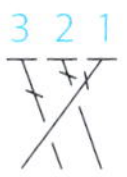

3 2 1
2코 건너뛰고 1 뜨기
건너뛴 2코로 돌아가 각각 2와 3을 뜨기

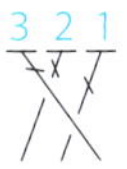

3 2 1
1코 건너뛰고 1과 2를 뜨기
건너뛴 코로 돌아가 3을 뜨기

콧수와 코 늘림 규칙

	단	콧수	코 늘림
몸체	6~13	150코	증감 없음
	5	150코	4코 늘어남
	4	146코	8코 늘어남
	3	138코	4코 늘어남
	2	134코	8코 늘어남
	1	126코	16코 늘어남
바닥	2	110코	16코 늘어남
	1		기초코에서 94코 줍기

※ 테두리를 뜨면서 프레임을 감싸서 뜨는 방법

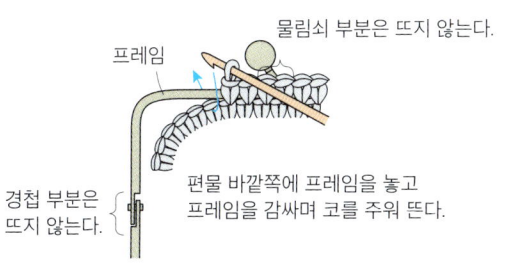

물림쇠 부분은 뜨지 않는다.
프레임
경첩 부분은
뜨지 않는다.
편물 바깥쪽에 프레임을 놓고
프레임을 감싸며 코를 주워 뜬다.

C
D
B
프레임을 벌려 위에서 본 모습
A
A의 3코
프레임을 감싸지 않고 뜬다.
뜨기 시작
위치
B27코
D52코
C17코

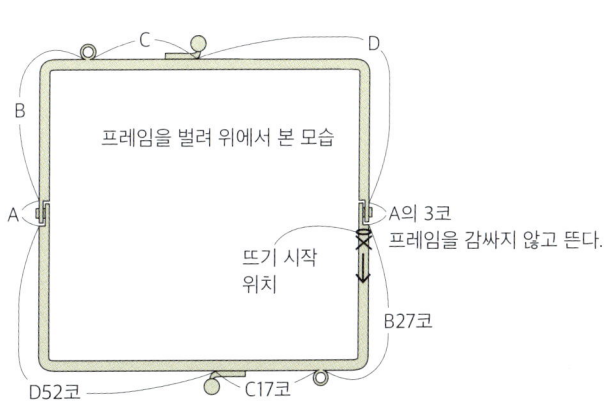

24. 플랩 숄더백 photo_P.62

【준비물】
실　하마나카 에코안다리아(1볼은 40g)
　　베이지(23) 300g
바늘　하마나카 아미아미 양쪽 코바늘 라쿠라쿠 5/0호

【게이지】
무늬뜨기① 18코=10cm, 무늬 5세트(10단)=8cm
무늬뜨기② 18.5코 17단=10×10cm

【완성 치수】
그림 참조

【뜨는 방법】 실 한 가닥으로 뜹니다.
몸체와 옆판은 사슬뜨기로 기초코를 만들고 '무늬뜨기①'로 도안과 같이 뜹니다.
다리미로 편물을 정리하고, 몸체와 옆판을 겉과 겉이 만나도록 겹쳐 놓은 다음 짧은뜨기로 연결합니다.
플랩은 몸체 뒷면에서 코를 주워 시작하고, '무늬뜨기②'를 도안과 같이 뜹니다.
가방 입구와 플랩의 테두리를 뜹니다.
손잡이는 사슬뜨기 119코로 기초코를 만들고, 도안과 같이 짧은뜨기로 뜹니다. 가운데 103코 부분의 양끝을 접어 맞대어서 감침질하여 이어주고, 몸체의 위치에 꿰매 붙입니다.

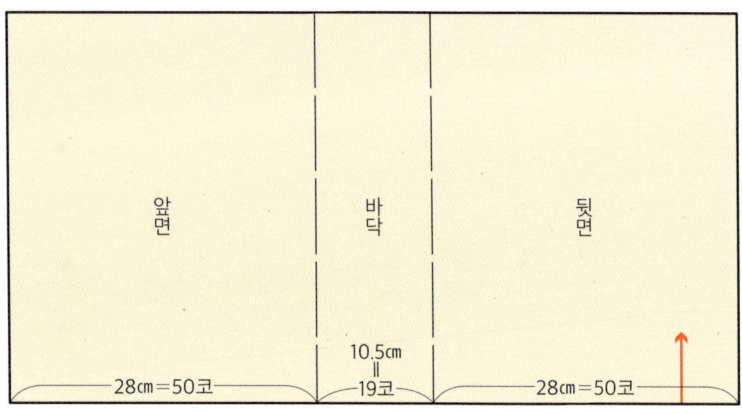

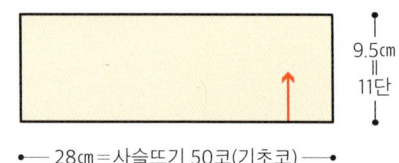

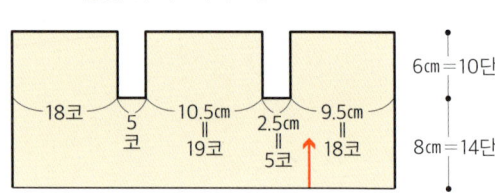

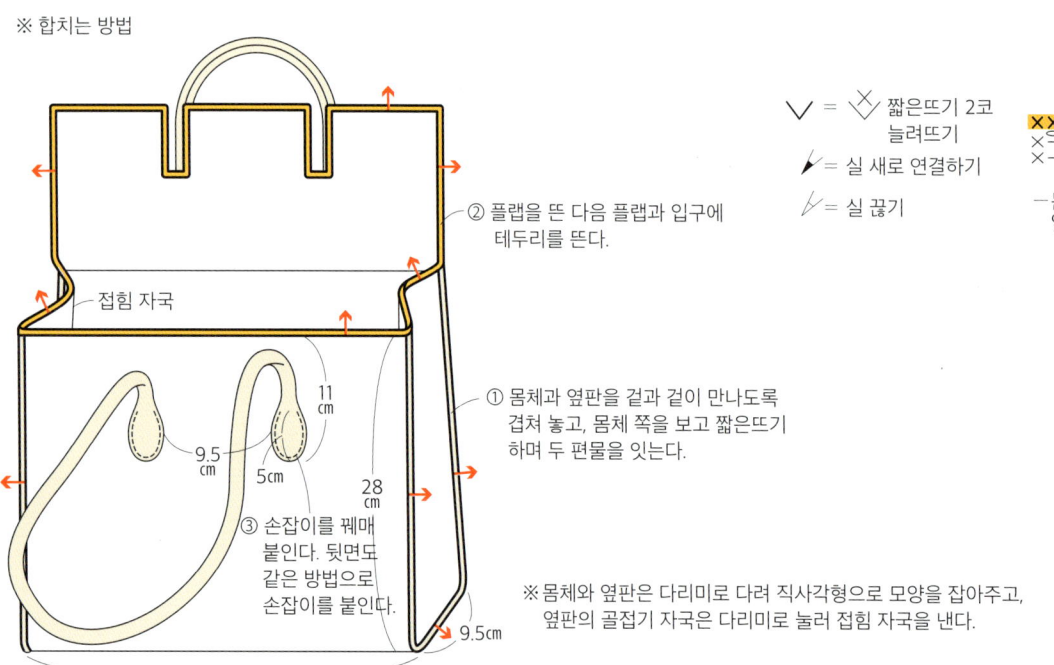

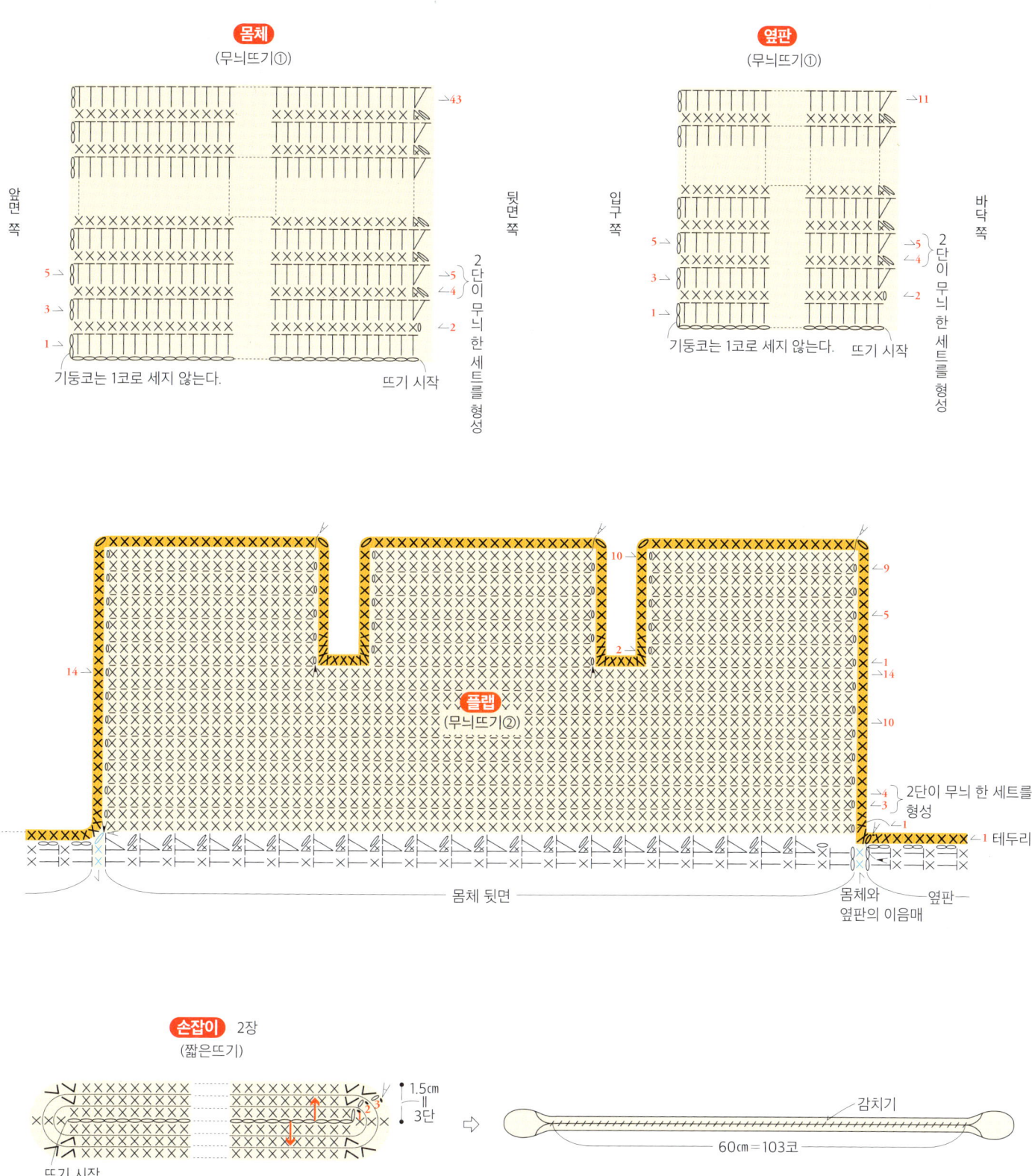

✖ 코바늘뜨기의 기초 ✖

기초 지식

「기둥코」란?

기둥코는 매 단 뜨개질을 시작할 때 높이를 맞추기 위해 사슬을 떠주는 것을 말한다. 다음 뜨개질에 따라 기둥코로 뜨는 사슬의 수가 달라지며, 긴뜨기나 한길긴뜨기의 기둥코는 하나의 코로 치지만, 짧은뜨기의 기둥코는 코로 세지 않는다.

짧은뜨기  긴뜨기  한길긴뜨기

뜨개질에서의 「머리」와 「다리」란?

위에 있는 쇠사슬과 같은 부분이 '머리'(머리 사슬)이며 기둥과 같은 부분을 '다리'라고 한다. 다리는 '기둥'이라고도 한다.

짧은뜨기  긴뜨기 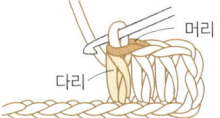 한길긴뜨기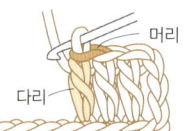

「미완성뜨기」란?

뜨개의 마지막 단계, 즉 바늘에 실을 걸어 바늘에 걸린 고리를 모두 빼내는 작업을 하지 않고, 바늘에 고리를 남긴 상태를 '미완성뜨기'라고 한다. 2코 모아뜨기, 3코 모아뜨기, 구슬뜨기 등을 할 때 사용된다.

미완성 짧은뜨기 미완성 긴뜨기 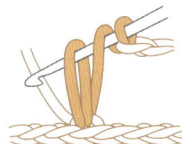 미완성 한길긴뜨기

「사슬 밑 공간에 바늘을 넣어 뜨기」란?

구슬뜨기 또는 N코 늘려뜨기는 기호의 다리가 붙어 있느냐 떨어져 있느냐에 따라 바늘을 넣는 방법이 다르다. 뜨개법이나 콧수가 달라져도 마찬가지이다.

기호의 다리가 붙어 있는 경우

전단의 1코(사슬 구멍)에 바늘을 넣어 뜬다.

기호의 다리가 떨어져 있는 경우=사슬 밑 공간에 바늘을 넣어 뜨기

전단의 사슬뜨기로 인해 생긴 로프(줄) 아래로 바늘을 넣어 사슬 로프를 감싸듯이 뜬다.

뜨개법 기호

사슬뜨기

1 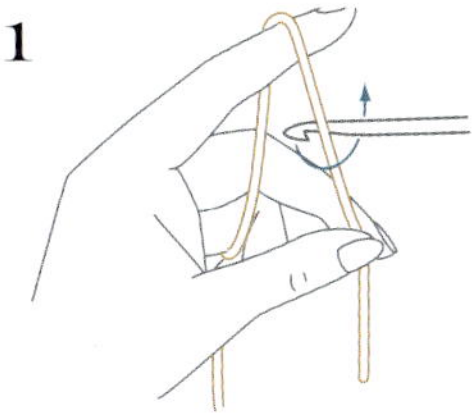 2 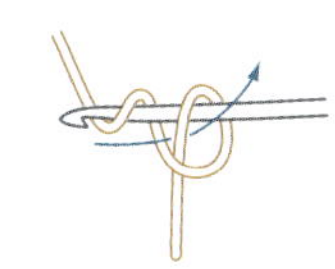 3 4 5

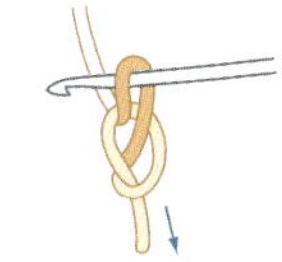

실 끝을 당겨서 고리를 조인다.

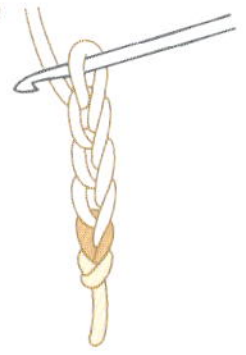

짧은뜨기

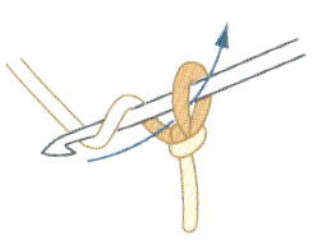

1 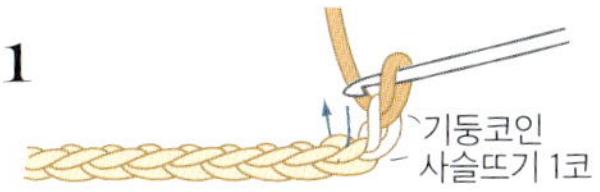 기둥코인 사슬뜨기 1코
사슬뜨기 1개로 기둥코를 세우고 기초코의 첫 번째 코를 줍는다.

2 바늘에 실을 걸고 화살표 방향으로 끌어낸다.

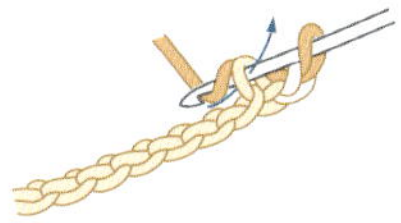

3 바늘에 실을 걸어 바늘에 걸려 있는 고리를 모두 빼낸다.

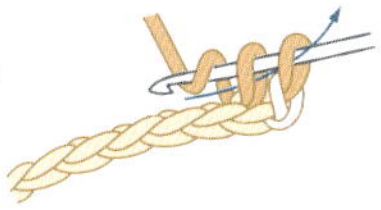

4 짧은뜨기 1코 완성. 짧은뜨기는 기둥코(사슬뜨기 1개)를 코로 세지 않는다.

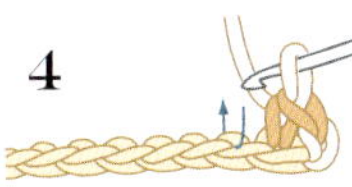

5 1~3을 반복한다.

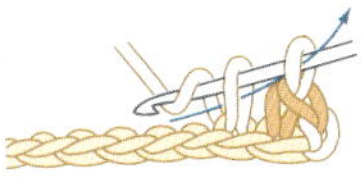

6

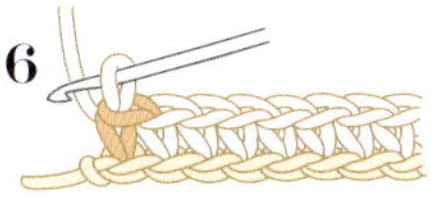

긴뜨기

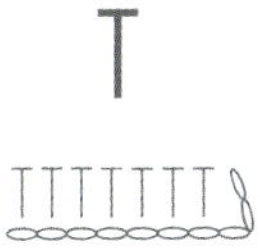

1 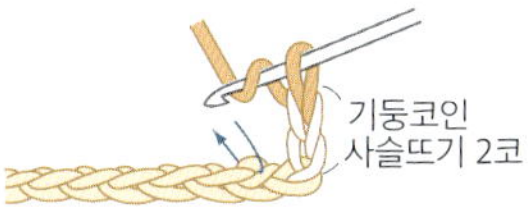 기둥코인 사슬뜨기 2코
사슬뜨기 2개로 기둥코를 세운다. 바늘에 실을 걸고, 기초코의 두 번째 코를 줍는다.

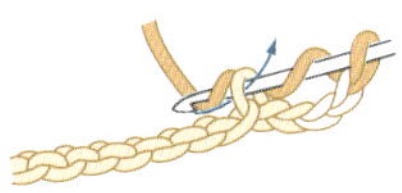

2 바늘에 실을 걸고 화살표 방향으로 기둥코(사슬뜨기 2개) 높이로 끌어낸다.

3 바늘에 실을 걸어 바늘에 걸려 있는 고리를 모두 빼낸다.

4 첫 번째 긴뜨기 완성. 긴뜨기는 기둥코(사슬뜨기 2개)를 1코로 센다.

5 1~3을 반복한다.

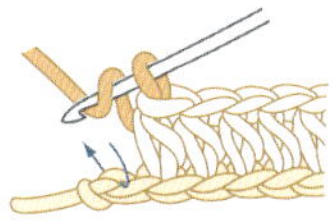

6

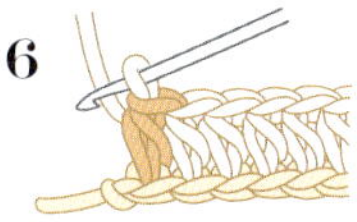

한길긴뜨기

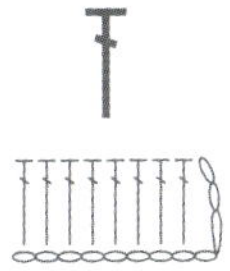

1 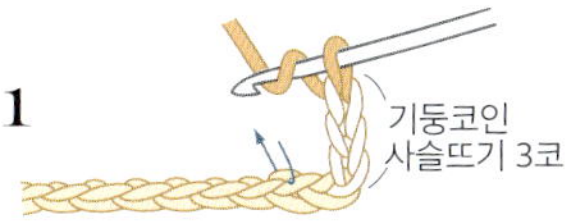 기둥코인 사슬뜨기 3코
사슬뜨기 3개로 기둥코를 세운다. 바늘에 실을 걸고 기초코의 두 번째 코를 줍는다.

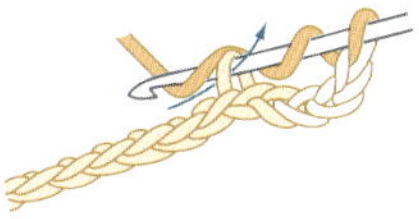

2 바늘에 실을 걸고 화살표 방향으로 1단 높이의 반 정도 높이로 끌어낸다.

3 바늘에 실을 걸고 화살표 방향으로 1단 높이로 끌어낸다.

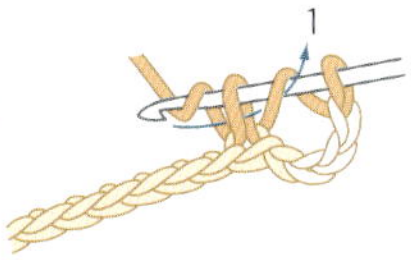

4 바늘에 실을 걸어 바늘에 걸려 있는 고리를 모두 빼낸다.

5 첫 번째 한길긴뜨기 완성. 한길긴뜨기는 기둥코(사슬뜨기 3개)를 1코로 센다.

6 1~4를 반복한다.

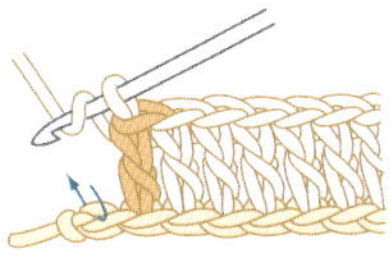

빼뜨기

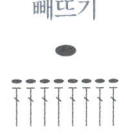

1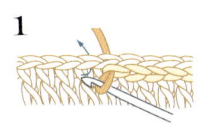
전단의 머리 사슬에 바늘을 넣는다.

2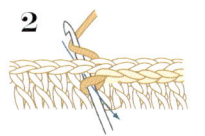
바늘에 실을 걸고 한 번에 빼낸다.

3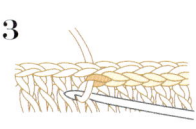
1, 2를 반복하되 코가 당기지 않을 정도로 느슨하게 뜬다.

두길긴뜨기

1 사슬뜨기 4개로 기둥코를 세운다. 바늘에 실을 걸고 기초코의 두 번째 코를 줍는다. 기둥코인 사슬뜨기 4코

2 바늘에 실을 걸고 화살표 방향으로 1단 높이의 1/3 높이로 끌어낸다.

3 바늘에 실을 걸어 고리 2개를 빼낸다.

4 바늘에 실을 걸어 고리 2개를 빼낸다.

5 바늘에 실을 걸어 나머지 고리 2개를 빼낸다.

6 1~5를 반복한다.

짧은뜨기 2코 늘려뜨기

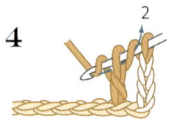

1 짧은뜨기를 1코 뜨고 같은 자리에 바늘을 넣어 짧은뜨기를 한 번 더 뜬다.

2 1코가 늘어난다.

긴뜨기 2코 늘려뜨기

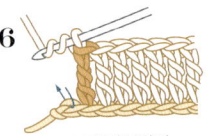

긴뜨기를 1코 뜨고 같은 자리에 바늘을 넣어 긴뜨기를 한 번 더 뜬다.

한길긴뜨기 2코 늘려뜨기

1 한길긴뜨기를 1코 뜨고 같은 자리에 바늘을 넣는다.

2 높이를 맞추어 한길긴뜨기를 뜬다.

3 1코가 늘어난다.

※ 늘려 뜨는 코의 수가 많아져도 같은 방법으로 뜨개질한다.

짧은뜨기 3코 늘려뜨기

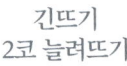

짧은뜨기 2코 늘려뜨기와 같은 방법으로 같은 자리에 바늘을 넣어 짧은뜨기를 3번 한다.

짧은뜨기 2코 모아뜨기

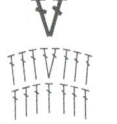

1 첫 번째 코에 바늘을 넣고 실을 감아 빼고, 다음 코에 바늘을 넣고 실을 감아 뺀다.

2 바늘에 실을 걸어 바늘에 걸린 고리를 모두 빼준다.

3 짧은뜨기 2코가 1코가 된다.

긴뜨기 2코 모아뜨기

한길긴뜨기 2코 모아뜨기의 방법으로 긴뜨기 2코를 모아뜬다.

긴뜨기 3코 모아뜨기

한길긴뜨기 2코 모아뜨기의 방법으로 긴뜨기 3코를 모아뜬다.

한길긴뜨기 2코 모아뜨기

1 실을 감아 미완성 한길긴뜨기를 뜨고 다음 코에 바늘을 넣는다.

2 미완성 한길긴뜨기를 한다.

3 바늘에 걸린 고리를 빼면서 사슬뜨기 2코 높이로 실을 끌어낸다.

4 한길긴뜨기 2코가 1코가 된다.

짧은뜨기 줄기뜨기

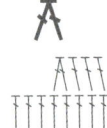

1 아랫단의 짧은뜨기 머리 사슬 반 코를 줍는다.

2 바늘에 실을 걸어 바늘에 걸린 고리를 모두 뺀다.

3 주워뜨지 않은 아랫단의 머리 사슬 반 코가 남아서 줄기와 같은 모양이 생긴다.

한길긴뜨기 줄기뜨기

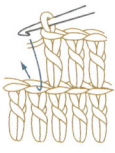

아랫단 한길긴뜨기의 머리 사슬 뒤쪽 반 코를 주워서 한길긴뜨기를 한다.

※ 긴뜨기 줄기뜨기의 경우 같은 방법으로 긴뜨기를 한다.

※ 줄기뜨기와 이랑뜨기는 사슬 반 코를 주워뜨는 것은 같지만, 원형뜨기 할 때와 왕복뜨기 할 때 남는 모양이 달라지므로 그 형태에 따라 다르게 붙인 명칭이다.

짧은뜨기 이랑뜨기

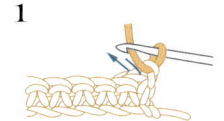

1 아랫단의 짧은뜨기 머리 사슬 반 코를 줍는다.

2 바늘에 실을 걸어 바늘에 걸린 고리를 모두 뺀다.

3 2단으로 볼록하게 올라온 이랑과 같은 형태가 남는다.

긴뜨기 이랑뜨기   한길긴뜨기 이랑뜨기

짧은뜨기 이랑뜨기(✕) 방식으로 머리 사슬 반 코만을 주워서 각 뜨개법에 맞게 뜬다.

되돌아 짧은뜨기

1 바늘을 돌려서 오른쪽 코를 줍는다. (사슬뜨기 1코)

2 바늘에 실을 걸어 빼낸다.

3 바늘에 실을 걸고 바늘에 걸린 고리를 모두 빼낸다.

4 1~3을 반복하여 왼쪽에서 오른쪽으로 뜨개질을 진행한다.

5

꼬아 짧은뜨기

1 짧은뜨기를 뜰 때처럼 코를 줍되 실을 길게 당겨 뺀다. (기둥코인 사슬뜨기 1코)

2 바늘을 화살표 방향을 참고해 한 바퀴 돌린다.

3 바늘에 실을 걸어 바늘에 걸린 고리를 모두 빼낸다.

4 1~3을 반복한다.

5 오른쪽에서 왼쪽으로 뜨개질이 진행된다.

한길긴뜨기 3코 구슬뜨기

1 미완성 한길긴뜨기를 뜬다.

2 같은 코에 미완성 한길긴뜨기를 두 번 더 뜬 다음(총 3번), 바늘에 실을 걸어 고리를 모두 뺀다.

3 같은 방법으로 다음 구슬뜨기를 뜬다.

긴뜨기 3코 변형 구슬뜨기

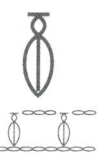

1 미완성 긴뜨기를 3번 뜨고 바늘에 실을 걸어 고리 1개를 남겨두고 나머지를 모두 뺀다.

2 바늘에 실을 걸어 남은 고리를 모두 뺀다.

3

긴뜨기 2코 변형 구슬뜨기

긴뜨기 3코 변형 구슬뜨기와 같은 방법으로 긴뜨기 2코 구슬뜨기를 뜬다.

한길긴뜨기 5코 팝콘뜨기

※ 콧수가 다른 팝콘뜨기는 콧수만 달리해서 같은 방법으로 뜬다.

1 같은 코에 한길긴뜨기를 5번 뜬다.

2 바늘을 뺀 다음 첫 번째 한길긴뜨기의 머리 사슬을 주우면서 바늘을 끼운다.

3 그림과 같이 바늘에 걸린 고리를 당겨 뺀다.

4 바늘에 실을 걸어 사슬뜨기 하듯이 1코를 뜬다. 이 코가 머리 사슬이 된다. (사슬뜨기 3코)

한길긴뜨기 교차뜨기

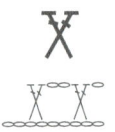

1
1코를 건너뛰고 다음 코에 한길긴뜨기를 뜬 다음, 바늘에 실을 걸고 건너뛴 코를 줍는다.

2
한길긴뜨기를 진행한다. (바늘에 실을 걸어 빼고, 다시 한 번 빼기)

3
먼저 뜬 한길긴뜨기를 나중에 뜬 한길긴뜨기로 감싸면서 뜨게 된다.

긴뜨기 교차뜨기

한길긴뜨기 교차뜨기와 같은 방법으로 긴뜨기를 뜬다.

변형 한길긴뜨기 교차뜨기
(왼쪽 코의 다리가 위로 올라옴)

1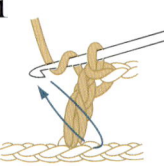
1코를 건너뛰고 다음 코에 한길긴뜨기를 뜬 다음, 바늘에 실을 걸고 편물의 앞쪽에서 건너뛴 코를 줍는다.

2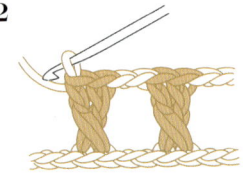
한길긴뜨기를 진행하여 완성한다. 나중에 뜬 왼쪽 코의 다리가 먼저 뜬 코의 다리 위로 겹쳐 올라오는 형태가 된다.

변형 한길긴뜨기 교차뜨기
(오른쪽 코의 다리가 위로 올라옴)

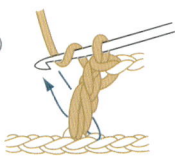

1코를 건너뛰고 한길긴뜨기를 뜬 다음, 바늘에 실을 걸어 편물의 뒤쪽에서 건너뛴 코를 줍고, 한길긴뜨기를 진행한다. 먼저 뜬 오른쪽 코의 다리가 위로 겹쳐 올라오는 형태가 된다.

짧은뜨기 앞걸어뜨기

1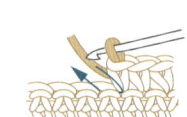
그림과 같이 편물의 앞쪽에서 전단의 다리를 줍는다.

2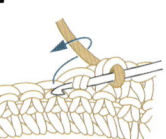
바늘에 실을 걸고 실을 길게 당기면서 뺀다.

3

4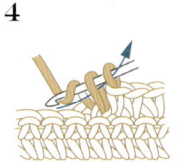
짧은뜨기를 계속 진행한다.

5

짧은뜨기 뒤걸어뜨기

1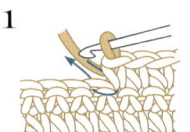
그림과 같이 편물의 뒤쪽에서 전단의 다리를 줍는다.

2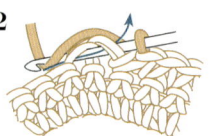
바늘에 실을 걸어 실을 길게 당기면서 뺀다.

3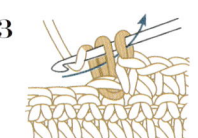
짧은뜨기를 계속 진행한다.

4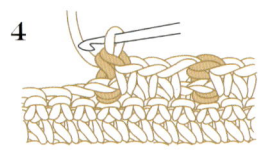

한길긴뜨기 앞걸어뜨기

1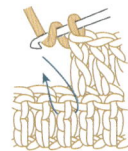
바늘에 실을 걸고 그림과 같이 편물의 앞쪽에서 전단의 다리를 줍는다.

2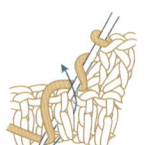
바늘에 실을 걸어 실을 길게 당기면서 뺀다.

3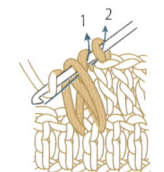
계속해서 한길긴뜨기를 진행한다.

4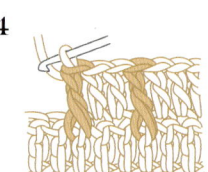

한길긴뜨기 뒤걸어뜨기

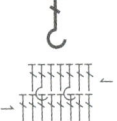

1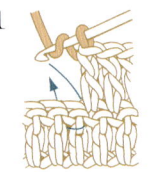
바늘에 실을 걸고 그림과 같이 편물의 뒤쪽에서 전단의 다리를 줍는다.

2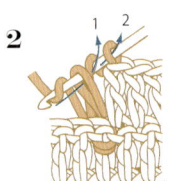
바늘에 실을 걸어 실을 길게 당기면서 빼고, 바늘에 실을 감아 두 번에 걸쳐 남은 고리를 빼낸다.

3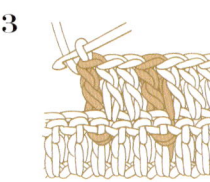

뜨기의 시작

사슬뜨기로 기초코를 떠서 시작하는 방법

① 사슬 반 코와 뒤쪽의 코산을 줍는 방법

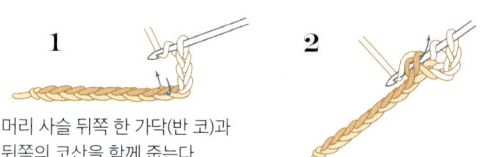

머리 사슬 뒤쪽 한 가닥(반 코)과 뒤쪽의 코산을 함께 줍는다.

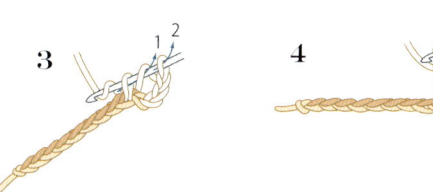

② 뒤쪽 코산만 줍는 방법

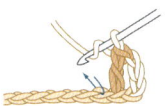

기초코의 사슬 모양이 예쁘게 나온다.

매직 링을 만들어 시작하는 방법

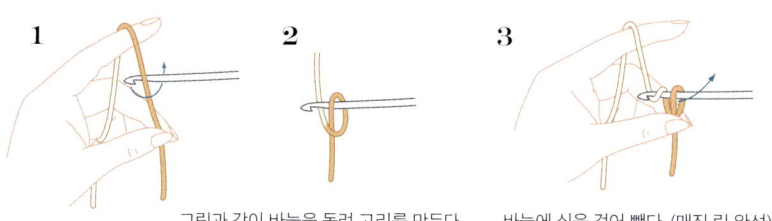

그림과 같이 바늘을 돌려 고리를 만든다.　　바늘에 실을 걸어 뺀다. (매직 링 완성)

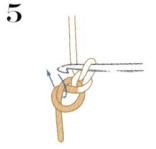 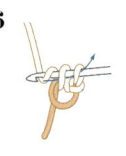

사슬뜨기 1코로 기둥코를 만든다.　　만들어진 매직 링 안에 바늘을 넣어 뜬다.

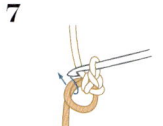 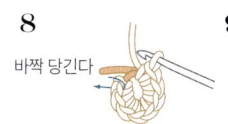 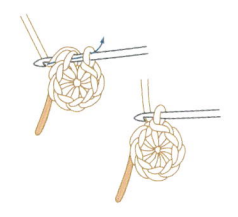

실 끝 쪽의 겹쳐진 부분도 함께 감싸서 뜬다.

바짝 당긴다
필요한 콧수만큼 뜨고 실 끝을 당겨 조인다. 그림과 같이 첫 번째 코에 바늘을 넣는다.

바늘에 실을 걸어 뺀다.

감침질로 편물 잇기

코 전체를 주워 잇는 방법

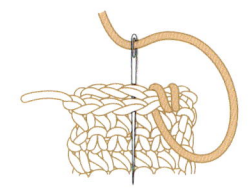

※ 이 책에서는 특별한 언급이 없는 한 코 전체를 주워 잇는 방법을 사용하고 있다.

편물의 겉과 겉을 마주보게 놓은 다음 각 편물의 머리 사슬 전체를 주우며 감침질한다.

반 코씩 주워 잇는 방법

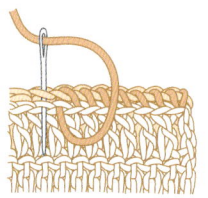

편물의 겉과 겉을 마주보게 놓은 다음 각 편물의 머리 사슬 반 코만 주우며 감침질한다.

색을 바꿔뜨는 방법 (원형뜨기의 경우)

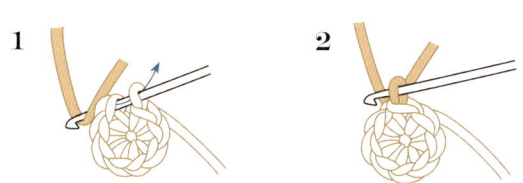

색을 바꾸기 전 코에서 마지막으로 실을 감아 뺄 때 새 실을 감아 뺀다.

하시모토 마유코

치바현 출생, 도쿄도 거주. 레이스 뜨개를 하던 어머니의 영향으로 어린 시절부터 수예와 양재를 가까이 해왔다. 문화 여자 대학(현 문화 학원 대학) 재학 중에 손뜨개를 접했으며, 졸업 후에는 통신 교육으로 기초를 다시 배웠다. 한 가닥의 실로 자유로운 형태를 만들어 낼 수 있는 뜨개질에 매료되어 프리랜서 디자이너가 되었다. 특히 심플하면서도 정교해 보이는 디자인을 선보이며 서적과 잡지에 다수 작품을 발표하고 있다.
저서로는 「결정판 인기 있는 손뜨개 방석」(아사히신문출판)이 있다.

STAFF

북 디자인	고토 미나코
촬영	시미즈 나오(표지, 1~64쪽)
	나카쓰지 와타루(65~120쪽)
스타일링	가기야마 나미
헤어 & 메이크업	시모나가타 료키
모델	MARTINA
작품 제작 협력	우노 치히로
도안	누마모토 야스요(70~121쪽)
	다이라쿠 사토미시로쿠마 공방
편집	나가타니 지에(리틀 버드)
편집 데스크	아사히신문출판 생활·문화편집부(모리 가오리)

에코안다리아로 뜬 가방과 모자 24
코바늘 손뜨개
인기 있는 가방 + 모자

1판 1쇄 펴냄 2020년 8월 10일

지은이 하시모토 마유코
펴낸이 정현순
인쇄 ㈜한산프린팅

펴낸곳 ㈜북핀
등록 제2016-000041호(2016. 6. 3)
주소 서울시 광진구 천호대로 109길 59
전화 02-6401-5510 / 팩스 02-6969-9737

ISBN 979-11-87616-91-7 13630
값 15,000원

이 책은 저작권법에 따라 보호받는 저작물이므로 무단전재와 무단복제를 금합니다.
파본이나 잘못 만들어진 책은 구입하신 서점에서 바꾸어 드립니다.

【실, 재료 제공】
하마나카 주식회사
(우) 616-8585 일본 교토시 우쿄구 하나조노야부노시타초 2-3
TEL : 075-463-5151 (대표)
http://www.hamanaka.co.jp
info@hamanaka.co.jp
※ 인쇄물이므로 작품의 색상은 실물과 조금 다를 수 있습니다.

【의상 협찬】
● 베리떼쿠루(Véritécoeur) TEL.092-753-7559
1쪽 멜빵 바지, 17 · 51쪽 치마, 59 · 63쪽 셔츠
● 블라스 블럼(Vlas Blomme) TEL.03-5724-3719
52쪽 바지
● Claska gallery&shop "Do" 본점 TEL.03-3719-8124
14쪽 바지, 17쪽 코트, 32쪽 원피스 / HAU
● 글래스톤베리 쇼룸 TEL.03-6231-0213
27쪽 셔츠 / Yarmo
20 · 23 · 30 · 32 · 41쪽 신발 / Catworth
42쪽 바지 / HOLDFAST
● KMD 팜 TEL.03-5458-1791
9쪽 블라우스, 18쪽 원피스, 20 · 23쪽의 블라우스와 스커트, 42쪽 블라우스,
44 · 47쪽 원피스 / Nésessaire
● 님(NÎMES) 지유가오카 점 TEL.03-5726-8620
9쪽 치마, 17 · 51쪽 블라우스
● 포르트 드 보통(Porter des boutons) TEL.03-6277-2973
10쪽 원피스, 30쪽 원피스, 14쪽 후드, 27쪽 와이드 팬츠, 41쪽 원피스,
52쪽 블라우스, 59 · 63쪽 멜빵 바지

【소품 협찬】
AWABEES
TITLES

※ 각 협찬 업체와 연락이 필요한 경우 국가 번호 +81 을 붙여서 이용해주시기 바랍니다.
※ 이 책과 책의 부속물을 무단으로 복사, 복제(복사), 인용하는 것은 저작권법의 예외를 제외하고 금지되어 있습니다. 또한 대행업체 등에 의뢰해 스캔 및 디지털화하는 것은 개인적인 사용이라도 일절 인정하지 않습니다.